OEZBEEKS

WOORDENSCHAT

NEDERLANDS
OEZBEEKS

De meest bruikbare woorden
Om uw woordenschat uit te breiden en
uw taalvaardigheid aan te scherpen

7000 woorden

Thematische woordenschat Nederlands-Oezbeeks - 7000 woorden

Door Andrey Taranov

Woordenlijsten van T&P Books zijn bedoeld om u woorden van een vreemde taal te helpen leren, onthouden, en bestudering. Dit woordenboek is ingedeeld in thema's en behandelt alle belangrijk terreinen van het dagelijkse leven, bedrijven, wetenschap, cultuur, etc.

Het proces van het leren van woorden met behulp van de op thema's gebaseerde aanpak van T&P Books biedt u de volgende voordelen:

- Correct gegroepeerde informatie is bepalend voor succes bij opeenvolgende stadia van het leren van woorden
- De beschikbaarheid van woorden die van dezelfde stam zijn maakt het mogelijk om woordgroepen te onthouden (in plaats van losse woorden)
- Kleine groepen van woorden faciliteren het proces van het aanmaken van associatieve verbindingen, die nodig zijn bij het consolideren van de woordenschat
- Het niveau van talenkennis kan worden ingeschat door het aantal geleerde woorden

T&P Books Publishing
www.tpbooks.com

ISBN: 978-1-78492-324-2

Dit boek is ook beschikbaar in e-boek formaat.
Gelieve www.tpbooks.com te bezoeken of de belangrijkste online boekwinkels.

OEZBEEKSE WOORDENSCHAT
nieuwe woorden leren

T&P Books woordenlijsten zijn bedoeld om u te helpen vreemde woorden te leren, te onthouden, en te bestuderen. De woordenschat bevat meer dan 7000 veel gebruikte woorden die thematisch geordend zijn.

- De woordenlijst bevat de meest gebruikte woorden
- Aanbevolen als aanvulling bij welke taalcursus dan ook
- Voldoet aan de behoeften van de beginnende en gevorderde student in vreemde talen
- Geschikt voor dagelijks gebruik, bestudering en zelftestactiviteiten
- Maakt het mogelijk om uw woordenschat te evalueren

Bijzondere kenmerken van de woordenschat

- De woorden zijn gerangschikt naar hun betekenis, niet volgens alfabet
- De woorden worden weergegeven in drie kolommen om bestudering en zelftesten te vergemakkelijken
- Woorden in groepen worden verdeeld in kleine blokken om het leerproces te vergemakkelijken
- De woordenschat biedt een handige en eenvoudige beschrijving van elk buitenlands woord

De woordenschat bevat 198 onderwerpen zoals:

Basisconcepten, getallen, kleuren, maanden, seizoenen, meeteenheden, kleding en accessoires, eten & voeding, restaurant, familieleden, verwanten, karakter, gevoelens, emoties, ziekten, stad, dorp, bezienswaardigheden, winkelen, geld, huis, thuis, kantoor, werken op kantoor, import & export, marketing, werk zoeken, sport, onderwijs, computer, internet, gereedschap, natuur, landen, nationaliteiten en meer ...

INHOUDSOPGAVE

UITSPRAAKGIDS

Letter	Oezbeeks voorbeeld	T&P fonetisch alfabet	Nederlands voorbeeld
A a	satr	[a]	acht
B b	kutubxona	[b]	hebben
D d	marvarid	[d]	Dank u, honderd
E e	erkin	[e]	delen, spreken
F f	mukofot	[f]	feestdag, informeren
G g	girdob	[g]	goal, tango
G' g'	g'ildirak	[ɣ]	liegen, gaan
H h	hasharot	[h]	het, herhalen
I i	kirish	[i], [iː]	bidden, lila
J j	natija	[dʒ]	jeans, jungle
K k	namlik	[k]	kennen, kleur
L l	talaffuz	[l]	delen, luchter
M m	tarjima	[m]	morgen, etmaal
N n	nusxa	[n]	nemen, zonder
O o	bosim	[ɒ], [o]	aankomst, rood
O' o'	o'simlik	[ø]	neus, beu
P p	polapon	[p]	parallel, koper
Q q	qor	[q]	kennen, kleur
R r	rozilik	[r]	roepen, breken
S s	siz	[s]	spreken, kosten
T t	tashkilot	[t]	tomaat, taart
U u	uchuvchi	[u]	hoed, doe
V v	vergul	[w]	twee, willen
X x	xonadon	[ɦ]	hitte, hypnose
Y y	yigit	[j]	New York, januari
Z z	zirak	[z]	zeven, zesde
ch	chang	[tʃ]	Tsjechië, cello
sh	shikoyat	[ʃ]	shampoo, machine
' [1]	san'at	[ː], [--]	zonder klank

Opmerkingen

[1] [ː] - Verlengt de voorgaande klinker; na medeklinkers wordt gebruikt als een "harde teken"

AFKORTINGEN
gebruikt in de woordenschat

Nederlandse afkortingen

abn	-	als bijvoeglijk naamwoord
bijv.	-	bijvoorbeeld
bn	-	bijvoeglijk naamwoord
bw	-	bijwoord
enk.	-	enkelvoud
enz.	-	enzovoort
form.	-	formele taal
inform.	-	informele taal
mann.	-	mannelijk
mil.	-	militair
mv.	-	meervoud
on.ww.	-	onovergankelijk werkwoord
ontelb.	-	ontelbaar
ov.	-	over
ov.ww.	-	overgankelijk werkwoord
telb.	-	telbaar
vn	-	voornaamwoord
vrouw.	-	vrouwelijk
vw	-	voegwoord
vz	-	voorzetsel
wisk.	-	wiskunde
ww	-	werkwoord

Nederlandse artikelen

de	-	gemeenschappelijk geslacht
de/het	-	gemeenschappelijk geslacht, onzijdig
het	-	onzijdig

BASISBEGRIPPEN

Basisbegrippen Deel 1

1. Voornaamwoorden

ik	мен	men
jij, je	сен	sen
hij, zij, het	у	u
wij, we	биз	biz
jullie	сиз	siz
zij, ze	улар	ular

2. Begroetingen. Begroetingen. Afscheid

Hallo! Dag!	Салом!	Salom!
Hallo!	Ассаломy алайкум!	Assalomu alaykum!
Goedemorgen!	Хайрли тонг!	Xayrli tong!
Goedemiddag!	Хайрли кун!	Xayrli kun!
Goedenavond!	Хайрли оқшом!	Xayrli oqshom!
gedag zeggen (groeten)	саломлашмоқ	salomlashmoq
Hoi!	Салом бердик!	Salom berdik!
groeten (het)	салом	salom
verwelkomen (ww)	салом бермоқ	salom bermoq
Is er nog nieuws?	Янгилик борми?	Yangilik bormi?
Dag! Tot ziens!	Хайр!	Xayr!
Tot snel! Tot ziens!	Кўришқунча хайр!	Ko'rishquncha xayr!
Vaarwel!	Соғ бўлинг!	Sog' bo'ling!
afscheid nemen (ww)	хайрлашмоқ	xayrlashmoq
Tot kijk!	Ҳозирча хайр!	Hozircha xayr!
Dank u!	Раҳмат!	Rahmat!
Dank u wel!	Катта раҳмат!	Katta rahmat!
Graag gedaan	Марҳамат	Marhamat
Geen dank!	Ташаккур билдиришга арзимайди.	Tashakkur bildirishga arzimaydi.
Geen moeite.	Арзимайди	Arzimaydi
Excuseer me, ... (inform.)	Кечир!	Kechir!
Excuseer me, ... (form.)	Кечиринг!	Kechiring!
excuseren (verontschuldigen)	кечирмоқ	kechirmoq
zich verontschuldigen	кечирим сўрамоқ	kechirim so'ramoq
Mijn excuses.	Мени кечиргайсиз.	Meni kechirgaysiz.

Het spijt me!	Афв етасиз!	Afv etasiz!
vergeven (ww)	афв етмоқ	afv etmoq
Maakt niet uit!	Ҳечқиси йўқ!	Hechqisi yo'q!
alsjeblieft	марҳамат қилиб	marhamat qilib

Vergeet het niet!	Унутманг!	Unutmang!
Natuurlijk!	Албатта!	Albatta!
Natuurlijk niet!	Албатта, йўқ!	Albatta, yo'q!
Akkoord!	Розиман!	Roziman!
Zo is het genoeg!	Бас!	Bas!

3. Kardinale getallen. Deel 1

nul	нол	nol
een	бир	bir
twee	икки	ikki
drie	уч	uch
vier	тўрт	to'rt

vijf	беш	besh
zes	олти	olti
zeven	етти	etti
acht	саккиз	sakkiz
negen	тўққиз	to'qqiz

tien	ўн	o'n
elf	ўн бир	o'n bir
twaalf	ўн икки	o'n ikki
dertien	ўн уч	o'n uch
veertien	ўн тўрт	o'n to'rt

vijftien	ўн беш	o'n besh
zestien	ўн олти	o'n olti
zeventien	ўн етти	o'n etti
achttien	ўн саккиз	o'n sakkiz
negentien	ўн тўққиз	o'n to'qqiz

twintig	йигирма	yigirma
eenentwintig	йигирма бир	yigirma bir
tweeëntwintig	йигирма икки	yigirma ikki
drieëntwintig	йигирма уч	yigirma uch

dertig	ўттиз	o'ttiz
eenendertig	ўттиз бир	o'ttiz bir
tweeëndertig	ўттиз икки	o'ttiz ikki
drieëndertig	ўттиз уч	o'ttiz uch

veertig	қирқ	qirq
eenenveertig	қирқ бир	qirq bir
tweeënveertig	қирқ икки	qirq ikki
drieënveertig	қирқ уч	qirq uch

vijftig	еллик	ellik
eenenvijftig	еллик бир	ellik bir

| tweeënvijftig | еллик икки | ellik ikki |
| drieënvijftig | еллик уч | ellik uch |

zestig	олтмиш	oltmish
eenenzestig	олтмиш бир	oltmish bir
tweeënzestig	олтмиш икки	oltmish ikki
drieënzestig	олтмиш уч	oltmish uch

zeventig	етмиш	etmish
eenenzeventig	етмиш бир	etmish bir
tweeënzeventig	етмиш икки	etmish ikki
drieënzeventig	етмиш уч	etmish uch

tachtig	саксон	sakson
eenentachtig	саксон бир	sakson bir
tweeëntachtig	саксон икки	sakson ikki
drieëntachtig	саксон уч	sakson uch

negentig	тўқсон	to'qson
eenennegentig	тўқсон бир	to'qson bir
tweeënnegentig	тўқсон икки	to'qson ikki
drieënnegentig	тўқсон уч	to'qson uch

4. Kardinale getallen. Deel 2

honderd	юз	yuz
tweehonderd	икки юз	ikki yuz
driehonderd	уч юз	uch yuz
vierhonderd	тўрт юз	to'rt yuz
vijfhonderd	беш юз	besh yuz

zeshonderd	олти юз	olti yuz
zevenhonderd	етти юз	etti yuz
achthonderd	саккиз юз	sakkiz yuz
negenhonderd	тўққиз юз	to'qqiz yuz

duizend	минг	ming
tweeduizend	икки минг	ikki ming
drieduizend	уч минг	uch ming
tienduizend	ўн минг	o'n ming
honderdduizend	юз минг	yuz ming
miljoen (het)	миллион	million
miljard (het)	миллиард	milliard

5. Getallen. Breuken

breukgetal (het)	каср	kasr
half	иккидан бир	ikkidan bir
een derde	учдан бир	uchdan bir
kwart	тўртдан бир	to'rtdan bir
een achtste	саккиздан бир	sakkizdan bir
een tiende	ўндан бир	o'ndan bir

| twee derde | учдан икки | uchdan ikki |
| driekwart | тўртдан уч | to'rtdan uch |

6. Getallen. Eenvoudige berekeningen

aftrekking (de)	айириш	ayirish
aftrekken (ww)	айирмоқ	ayirmoq
deling (de)	бўлиш	bo'lish
delen (ww)	бўлмоқ	bo'lmoq
optelling (de)	қўшиш	qo'shish
erbij optellen	қўшмоқ	qo'shmoq
(bij elkaar voegen)		
optellen (ww)	яна қўшмоқ	yana qo'shmoq
vermenigvuldiging (de)	кўпайтириш	ko'paytirish
vermenigvuldigen (ww)	кўпайтирмоқ	ko'paytirmoq

7. Getallen. Diversen

cijfer (het)	рақам	raqam
nummer (het)	сон	son
telwoord (het)	саноқ сон	sanoq son
minteken (het)	минус	minus
plusteken (het)	плюс	plyus
formule (de)	формула	formula

berekening (de)	ҳисоблаш	hisoblash
tellen (ww)	санамоқ	sanamoq
bijrekenen (ww)	ҳисобламоқ	hisoblamoq
vergelijken (ww)	солиштирмоқ	solishtirmoq

Hoeveel? (ontelb.)	Қанча?	Qancha?
Hoeveel? (telb.)	Нечта?	Nechta?
som (de), totaal (het)	сумма	summa
uitkomst (de)	натижа	natija
rest (de)	қолдиқ	qoldiq
enkele (bijv. ~ minuten)	бир нечта	bir nechta
weinig (bw)	бир оз	biroz
restant (het)	қолгани	qolgani
anderhalf	бир ярим	bir yarim
dozijn (het)	ўн иккита	o'n ikkita

middendoor (bw)	иккига бўлиб	ikkiga bo'lib
even (bw)	тенг-баравар	teng-baravar
helft (de)	ярим	yarim
keer (de)	марта	marta

8. De belangrijkste werkwoorden. Deel 1

| aanbevelen (ww) | тавсия қилмоқ | tavsiya qilmoq |
| aandringen (ww) | талаб қилмоқ | talab qilmoq |

aankomen (per auto, enz.)	етиб келмоқ	etib kelmoq
aanraken (ww)	тегмоқ	tegmoq
adviseren (ww)	маслаҳат бермоқ	maslahat bermoq

afdalen (on.ww.)	тушмоқ	tushmoq
afslaan (naar rechts ~)	бурмоқ	burmoq
antwoorden (ww)	жавоб бермоқ	javob bermoq
bang zijn (ww)	қўрқмоқ	qo'rqmoq
bedreigen (bijv. met een pistool)	пўписа қилмоқ	po'pisa qilmoq

bedriegen (ww)	алдамоқ	aldamoq
beëindigen (ww)	тугатмоқ	tugatmoq
beginnen (ww)	бошламоқ	boshlamoq
begrijpen (ww)	тушунмоқ	tushunmoq
beheren (managen)	бошқармоқ	boshqarmoq

beledigen (met scheldwoorden)	ҳақоратламоқ	haqoratlamoq
beloven (ww)	ваъда бермоқ	va'da bermoq
bereiden (koken)	тайёрламоқ	tayyorlamoq
bespreken (spreken over)	муҳокама қилмоқ	muhokama qilmoq

bestellen (eten ~)	буюртма бермоқ	buyurtma bermoq
bestraffen (een stout kind ~)	жазоламоқ	jazolamoq
betalen (ww)	тўламоқ	to'lamoq
betekenen (beduiden)	билдирмоқ	bildirmoq
betreuren (ww)	афсусланмоқ	afsuslanmoq

bevallen (prettig vinden)	ёқмоқ	yoqmoq
bevelen (mil.)	буюрмоқ	buyurmoq
bevrijden (stad, enz.)	халос қилмоқ	xalos qilmoq
bewaren (ww)	сақламоқ	saqlamoq
bezitten (ww)	эга бўлмоқ	ega bo'lmoq

bidden (praten met God)	ибодат қилмоқ	ibodat qilmoq
binnengaan (een kamer ~)	кирмоқ	kirmoq
breken (ww)	синдирмоқ	sindirmoq
controleren (ww)	назорат қилмоқ	nazorat qilmoq
creëren (ww)	яратмоқ	yaratmoq

deelnemen (ww)	иштирок этмоқ	ishtirok etmoq
denken (ww)	ўйламоқ	o'ylamoq
doden (ww)	ўлдирмоқ	o'ldirmoq
doen (ww)	қилмоқ	qilmoq
dorst hebben (ww)	чанқамоқ	chanqamoq

9. De belangrijkste werkwoorden. Deel 2

een hint geven	ишора қилмоқ	ishora qilmoq
eisen (met klem vragen)	талаб қилмоқ	talab qilmoq
existeren (bestaan)	мавжуд бўлмоқ	mavjud bo'lmoq
gaan (te voet)	юрмоқ	yurmoq
gaan zitten (ww)	ўтирмоқ	o'tirmoq

gaan zwemmen	чўмилмоқ	cho'milmoq
geven (ww)	бермоқ	bermoq
glimlachen (ww)	жилмаймоқ	jilmaymoq
goed raden (ww)	топмоқ	topmoq

grappen maken (ww)	ҳазиллашмоқ	hazillashmoq
graven (ww)	қазимоқ	qazimoq

hebben (ww)	ега бўлмоқ	ega bo'lmoq
helpen (ww)	ёрдамлашмоқ	yordamlashmoq
herhalen (opnieuw zeggen)	қайтармоқ	qaytarmoq
honger hebben (ww)	ейишни истамоқ	eyishni istamoq

hopen (ww)	умид қилмоқ	umid qilmoq
horen	ешитмоқ	eshitmoq
(waarnemen met het oor)		
huilen (wenen)	йиғламоқ	yig'lamoq
huren (huis, kamer)	ижарага олмоқ	ijaraga olmoq
informeren (informatie geven)	хабардор қилмоқ	xabardor qilmoq

instemmen (akkoord gaan)	рози бўлмоқ	rozi bo'lmoq
jagen (ww)	ов қилмоқ	ov qilmoq
kennen (kennis hebben	танимоқ	tanimoq
van iemand)		
kiezen (ww)	танламоқ	tanlamoq
klagen (ww)	шикоят қилмоқ	shikoyat qilmoq

kosten (ww)	арзимоқ	arzimoq
kunnen (ww)	уддаламоқ	uddalamoq
lachen (ww)	кулмоқ	kulmoq
laten vallen (ww)	туширмоқ	tushirmoq
lezen (ww)	ўқимоқ	o'qimoq

liefhebben (ww)	севмоқ	sevmoq
lunchen (ww)	тушлик қилмоқ	tushlik qilmoq
nemen (ww)	олмоқ	olmoq
nodig zijn (ww)	керак бўлмоқ	kerak bo'lmoq

10. De belangrijkste werkwoorden. Deel 3

onderschatten (ww)	кам баҳо бермоқ	kam baho bermoq
ondertekenen (ww)	имзоламоқ	imzolamoq
ontbijten (ww)	нонушта қилмоқ	nonushta qilmoq
openen (ww)	очмоқ	ochmoq
ophouden (ww)	тўхтатмоқ	to'xtatmoq
opmerken (zien)	кўриб қолмоқ	ko'rib qolmoq

opscheppen (ww)	мақтанмоқ	maqtanmoq
opschrijven (ww)	ёзиб олмоқ	yozib olmoq
plannen (ww)	режаламоқ	rejalamoq
prefereren (verkiezen)	афзал кўрмоқ	afzal ko'rmoq
proberen (trachten)	уриниб кўрмоқ	urinib ko'rmoq
redden (ww)	қутқармоқ	qutqarmoq
rekenen op ...	... га умид қилмоқ	... ga umid qilmoq

rennen (ww)	югурмоқ	yugurmoq
reserveren	захира қилиб қўймоқ	zaxira qilib qo'ymoq
(een hotelkamer ~)		
roepen (om hulp)	чақирмоқ	chaqirmoq
schieten (ww)	отмоқ	otmoq
schreeuwen (ww)	бақирмоқ	baqirmoq

schrijven (ww)	ёзмоқ	yozmoq
souperen (ww)	кечки овқатни емоқ	kechki ovqatni emoq
spelen (kinderen)	ўйнамоқ	o'ynamoq
spreken (ww)	гапирмоқ	gapirmoq
stelen (ww)	ўғирламоқ	o'g'irlamoq
stoppen (pauzeren)	тўхтамоқ	to'xtamoq

studeren (Nederlands ~)	ўрганмоқ	o'rganmoq
sturen (zenden)	жўнатмоқ	jo'natmoq
tellen (optellen)	ҳисобламоқ	hisoblamoq
toebehoren ...	тегишли бўлмоқ	tegishli bo'lmoq
toestaan (ww)	рухсат бермоқ	ruxsat bermoq
tonen (ww)	кўрсатмоқ	ko'rsatmoq

twijfelen (onzeker zijn)	иккиланмоқ	ikkilanmoq
uitgaan (ww)	чиқмоқ	chiqmoq
uitnodigen (ww)	таклиф қилмоқ	taklif qilmoq
uitspreken (ww)	айтмоқ	aytmoq
uitvaren tegen (ww)	койимоқ	koyimoq

11. De belangrijkste werkwoorden. Deel 4

vallen (ww)	йиқилмоқ	yiqilmoq
vangen (ww)	тутмоқ	tutmoq
veranderen (anders maken)	ўзгартирмоқ	o'zgartirmoq
verbaasd zijn (ww)	ҳайрон қолмоқ	hayron qolmoq
verbergen (ww)	беркитмоқ	berkitmoq

verdedigen (je land ~)	ҳимоя қилмоқ	himoya qilmoq
verenigen (ww)	бирлаштирмоқ	birlashtirmoq
vergelijken (ww)	солиштирмоқ	solishtirmoq
vergeten (ww)	унутмоқ	unutmoq
vergeven (ww)	кечирмоқ	kechirmoq

verklaren (uitleggen)	тушунтирмоқ	tushuntirmoq
verkopen (per stuk ~)	сотмоқ	sotmoq
vermelden (praten over)	эслатиб ўтмоқ	eslatib o'tmoq
versieren (decoreren)	безамоқ	bezamoq
vertalen (ww)	таржима қилмоқ	tarjima qilmoq

vertrouwen (ww)	ишонмоқ	ishonmoq
vervolgen (ww)	давом еттирмоқ	davom ettirmoq
verwarren (met elkaar ~)	адаштирмоқ	adashtirmoq
verzoeken (ww)	сўрамоқ	so'ramoq
verzuimen (school, enz.)	қолдирмоқ	qoldirmoq
vinden (ww)	топмоқ	topmoq
vliegen (ww)	учмоқ	uchmoq

volgen (ww)	... орқасидан бормоқ	... orqasidan bormoq
voorstellen (ww)	таклиф қилмоқ	taklif qilmoq
voorzien (verwachten)	олдиндан кўрмоқ	oldindan ko'rmoq
vragen (ww)	сўрамоқ	so'ramoq

waarnemen (ww)	кузатмоқ	kuzatmoq
waarschuwen (ww)	огоҳлантирмоқ	ogohlantirmoq
wachten (ww)	кутмоқ	kutmoq
weerspreken (ww)	еътироз билдирмоқ	e'tiroz bildirmoq
weigeren (ww)	рад қилмоқ	rad qilmoq

werken (ww)	ишламоқ	ishlamoq
weten (ww)	билмоқ	bilmoq
willen (verlangen)	истамоқ	istamoq
zeggen (ww)	айтмоқ	aytmoq
zich haasten (ww)	шошилмоқ	shoshilmoq

zich interesseren voor ...	қизиқмоқ	qiziqmoq
zich vergissen (ww)	адашмоқ	adashmoq
zich verontschuldigen	кечирим сўрамоқ	kechirim so'ramoq
zien (ww)	кўрмоқ	ko'rmoq

zoeken (ww)	... изламоқ	... izlamoq
zwemmen (ww)	сузмоқ	suzmoq
zwijgen (ww)	индамай турмоқ	indamay turmoq

12. Kleuren

kleur (de)	ранг	rang
tint (de)	рангдаги нозик фарқ	rangdagi nozik farq
kleurnuance (de)	тус	tus
regenboog (de)	камалак	kamalak

wit (bn)	оқ	oq
zwart (bn)	қора	qora
grijs (bn)	кул ранг	kul rang

groen (bn)	яшил	yashil
geel (bn)	сариқ	sariq
rood (bn)	қизил	qizil

blauw (bn)	кўк	ko'k
lichtblauw (bn)	ҳаво ранг	havo rang
roze (bn)	пушти	pushti
oranje (bn)	тўқ сариқ	to'q sariq
violet (bn)	бинафша ранг	binafsha rang
bruin (bn)	жигар ранг	jigar rang

| goud (bn) | олтин ранг | oltin rang |
| zilverkleurig (bn) | кумуш ранг | kumush rang |

beige (bn)	оч жигар ранг	och jigar rang
roomkleurig (bn)	оч сариқ ранг	och sariq rang
turkoois (bn)	феруза ранг	feruza rang

19

kersrood (bn)	олча ранг	olcha rang
lila (bn)	нафармон	nafarmon
karmijnrood (bn)	тўқ қизил ранг	to'q qizil rang

licht (bn)	оч	och
donker (bn)	тўқ	to'q
fel (bn)	ёрқин	yorqin

kleur-, kleurig (bn)	рангли	rangli
kleuren- (abn)	рангли	rangli
zwart-wit (bn)	оқ-қора	oq-qora
eenkleurig (bn)	бир рангдаги	bir rangdagi
veelkleurig (bn)	ранг-баранг	rang-barang

13. Vragen

Wie?	Ким?	Kim?
Wat?	Нима?	Nima?
Waar?	Қаерда?	Qaerda?
Waarheen?	Қаерга?	Qaerga?
Waar ... vandaan?	Қаердан?	Qaerdan?
Wanneer?	Қачон?	Qachon?
Waarom?	Нега?	Nega?
Waarom?	Нима сабабдан?	Nima sababdan?

Waarvoor dan ook?	Нима учун?	Nima uchun?
Hoe?	Қандай?	Qanday?
Wat voor ...?	Қанақа?	Qanaqa?
Welk?	Қайси?	Qaysi?

Aan wie?	Кимга?	Kimga?
Over wie?	Ким ҳақида?	Kim haqida?
Waarover?	Нима ҳақида?	Nima haqida?
Met wie?	Ким билан?	Kim bilan?

| Hoeveel? (ontelb.) | Қанча? | Qancha? |
| Van wie? (mann.) | Кимники? | Kimniki? |

14. Functiewoorden. Bijwoorden. Deel 1

Waar?	Қаерда?	Qaerda?
hier (bw)	шу ерда	shu erda
daar (bw)	у ерда	u erda

| ergens (bw) | қаердадир | qaerdadir |
| nergens (bw) | ҳеч қаерда | hech qaerda |

| bij ... (in de buurt) | ... ёнида | ... yonida |
| bij het raam | дераза ёнида | deraza yonida |

| Waarheen? | Қаерга? | Qaerga? |
| hierheen (bw) | бу ерга | bu erga |

daarheen (bw)	у ерга	u erga
hiervandaan (bw)	бу ердан	bu erdan
daarvandaan (bw)	у ердан	u erdan

| dichtbij (bw) | яқин | yaqin |
| ver (bw) | узоқ | uzoq |

in de buurt (van …)	ёнида, яқинида	yonida, yaqinida
vlakbij (bw)	ёнма-ён	yonma-yon
niet ver (bw)	узоқ емас	uzoq emas

linker (bn)	чап	chap
links (bw)	чапдан	chapdan
linksaf, naar links (bw)	чапга	chapga

rechter (bn)	ўнг	o'ng
rechts (bw)	ўнгда	o'ngda
rechtsaf, naar rechts (bw)	ўнгга	o'ngga

vooraan (bw)	олдида	oldida
voorste (bn)	олдинги	oldingi
vooruit (bw)	олдинга	oldinga

achter (bw)	орқада	orqada
van achteren (bw)	орқадан	orqadan
achteruit (naar achteren)	орқага	orqaga

| midden (het) | ўрта | o'rta |
| in het midden (bw) | ўртада | o'rtada |

opzij (bw)	ёнида	yonida
overal (bw)	ҳар ерда	har erda
omheen (bw)	атрофда	atrofda

binnenuit (bw)	ичида	ichida
naar ergens (bw)	қаергадир	qaergadir
rechtdoor (bw)	тўғри йўлдан	to'g'ri yo'ldan
terug (bijv. ~ komen)	қарама-қарши томонга	qarama-qarshi tomonga

| ergens vandaan (bw) | бирор жойдан | biror joydan |
| ergens vandaan (en dit geld moet ~ komen) | қаердандир | qaerdandir |

ten eerste (bw)	биринчидан	birinchidan
ten tweede (bw)	иккинчидан	ikkinchidan
ten derde (bw)	учинчидан	uchinchidan

plotseling (bw)	тўсатдан	to'satdan
in het begin (bw)	дастлаб	dastlab
voor de eerste keer (bw)	илк бор	ilk bor
lang voor … (bw)	анча олдин	ancha oldin
opnieuw (bw)	янгидан	yangidan
voor eeuwig (bw)	бутунлай	butunlay

| nooit (bw) | ҳеч қачон | hech qachon |
| weer (bw) | яна | yana |

nu (bw)	ҳозир	hozir
vaak (bw)	тез-тез	tez-tez
toen (bw)	ўшанда	o'shanda
urgent (bw)	тезда	tezda
meestal (bw)	одатда	odatda
trouwens, ... (tussen haakjes)	айтганча, ...	aytgancha, ...
mogelijk (bw)	бўлиши мумкин	bo'lishi mumkin
waarschijnlijk (bw)	эҳтимол	ehtimol
misschien (bw)	бўлиши мумкин	bo'lishi mumkin
trouwens (bw)	ундан ташқари, ...	undan tashqari, ...
daarom ...	шунинг учун	shuning uchun
in weerwil van ...	... га қарамай	... ga qaramay
dankzij ...	... туфайли	... tufayli
wat (vn)	нима	nima
dat (vw)	... ки	... ki
iets (vn)	қандайдир	qandaydir
iets	бирор нарса	biror narsa
niets (vn)	ҳеч нарса	hech narsa
wie (~ is daar?)	ким	kim
iemand (een onbekende)	кимдир	kimdir
iemand (een bepaald persoon)	бирортаси	birortasi
niemand (vn)	ҳеч ким	hech kim
nergens (bw)	ҳеч қаерга	hech qaerga
niemands (bn)	эгасиз	egasiz
iemands (bn)	бирор кимсаники	biror kimsaniki
zo (Ik ben ~ blij)	шундай	shunday
ook (evenals)	ҳамда	hamda
alsook (eveneens)	ҳам	ham

15. Functiewoorden. Bijwoorden. Deel 2

Waarom?	Нимага?	Nimaga?
om een bepaalde reden	нимагадир	nimagadir
omdat ...	чунки ...	chunki ...
voor een bepaald doel	негадир	negadir
en (vw)	ва	va
of (vw)	ёки	yoki
maar (vw)	лекин	lekin
voor (vz)	учун	uchun
te (~ veel mensen)	жуда ҳам	juda ham
alleen (bw)	фақат	faqat
precies (bw)	аниқ	aniq
ongeveer (~ 10 kg)	тақрибан	taqriban
omstreeks (bw)	тахминан	taxminan
bij benadering (bn)	тахминий	taxminiy

bijna (bw)	деярли	deyarli
rest (de)	қолгани	qolgani

elk (bn)	ҳар бир	har bir
om het even welk	ҳар қандай	har qanday
veel (grote hoeveelheid)	кўп	ko'p
veel mensen	кўпчилик	ko'pchilik
iedereen (alle personen)	барча	barcha

in ruil voor ...	... ўрнига	... o'rniga
in ruil (bw)	евазига	evaziga
met de hand (bw)	қўл билан	qo'l bilan
onwaarschijnlijk (bw)	еҳтимолдан узоқ	ehtimoldan uzoq

waarschijnlijk (bw)	еҳтимол	ehtimol
met opzet (bw)	атайин	atayin
toevallig (bw)	тасодифан	tasodifan

zeer (bw)	жуда	juda
bijvoorbeeld (bw)	масалан	masalan
tussen (~ twee steden)	ўртасида	o'rtasida
tussen (te midden van)	ичида	ichida
zoveel (bw)	шунча	shuncha
vooral (bw)	айниқса	ayniqsa

Basisbegrippen Deel 2

16. Dagen van de week

maandag (de)	душанба	dushanba
dinsdag (de)	сешанба	seshanba
woensdag (de)	чоршанба	chorshanba
donderdag (de)	пайшанба	payshanba
vrijdag (de)	жума	juma
zaterdag (de)	шанба	shanba
zondag (de)	якшанба	yakshanba
vandaag (bw)	бугун	bugun
morgen (bw)	ертага	ertaga
overmorgen (bw)	индинга	indinga
gisteren (bw)	кеча	kecha
eergisteren (bw)	ўтган куни	o'tgan kuni
dag (de)	кун	kun
werkdag (de)	иш куни	ish kuni
feestdag (de)	байрам куни	bayram kuni
verlofdag (de)	дам олиш куни	dam olish kuni
weekend (het)	дам олиш кунлари	dam olish kunlari
de hele dag (bw)	кун бўйи	kun bo'yi
de volgende dag (bw)	ертаси куни	ertasi kuni
twee dagen geleden	икки кун аввал	ikki kun avval
aan de vooravond (bw)	арафасида	arafasida
dag-, dagelijks (bn)	ҳар кунги	har kungi
elke dag (bw)	ҳар куни	har kuni
week (de)	ҳафта	hafta
vorige week (bw)	ўтган ҳафта	o'tgan hafta
volgende week (bw)	келгуси ҳафтада	kelgusi haftada
wekelijks (bn)	ҳафталик	haftalik
elke week (bw)	ҳар ҳафта	har hafta
twee keer per week	ҳафтасига икки марта	haftasiga ikki marta
elke dinsdag	ҳар сешанба	har seshanba

17. Uren. Dag en nacht

morgen (de)	тонг	tong
's morgens (bw)	ерталаб	ertalab
middag (de)	чошгоҳ	choshgoh
's middags (bw)	тушликдан сўнг	tushlikdan so'ng
avond (de)	оқшом	oqshom
's avonds (bw)	кечқурун	kechqurun

nacht (de)	тун	tun
's nachts (bw)	тунда	tunda
middernacht (de)	ярим тун	yarim tun

seconde (de)	сония	soniya
minuut (de)	дақиқа	daqiqa
uur (het)	соат	soat
halfuur (het)	ярим соат	yarim soat
kwartier (het)	чорак соат	chorak soat
vijftien minuten	ўн беш дақиқа	o'n besh daqiqa
etmaal (het)	сутка	sutka

zonsopgang (de)	қуёш чиқиши	quyosh chiqishi
dageraad (de)	тонг отиши	tong otishi
vroege morgen (de)	ерта тонг	erta tong
zonsondergang (de)	кун ботиши	kun botishi

's morgens vroeg (bw)	ерталаб	ertalab
vanmorgen (bw)	бугун ерталаб	bugun ertalab
morgenochtend (bw)	ертага тонгда	ertaga tongda
vanmiddag (bw)	бугун кундузи	bugun kunduzi
's middags (bw)	тушликдан сўнг	tushlikdan so'ng
morgenmiddag (bw)	ертага тушликдан сўнг	ertaga tushlikdan so'ng
vanavond (bw)	бугун кечқурун	bugun kechqurun
morgenavond (bw)	ертага кечқурун	ertaga kechqurun

klokslag drie uur	роппа-роса соат учда	roppa-rosa soat uchda
ongeveer vier uur	соат тўртлар атрофида	soat to'rtlar atrofida
tegen twaalf uur	соат ўн иккиларга	soat o'n ikkilarga

over twintig minuten	йигирма дақиқадан кейин	yigirma daqiqadan keyin
over een uur	бир соатдан кейин	bir soatdan keyin
op tijd (bw)	вақтида	vaqtida

kwart voor …	чоракам	chorakam
binnen een uur	бир соат давомида	bir soat davomida
elk kwartier	ҳар ў беш дақиқада	har o' besh daqiqada
de klok rond	кечаю-кундуз	kechayu-kunduz

18. Maanden. Seizoenen

januari (de)	январ	yanvar
februari (de)	феврал	fevral
maart (de)	март	mart
april (de)	апрел	aprel
mei (de)	май	may
juni (de)	июн	iyun

juli (de)	июл	iyul
augustus (de)	август	avgust
september (de)	сентябр	sentyabr
oktober (de)	октябр	oktyabr
november (de)	ноябр	noyabr
december (de)	декабр	dekabr

lente (de)	баҳор	bahor
in de lente (bw)	баҳорда	bahorda
lente- (abn)	баҳорги	bahorgi
zomer (de)	ёз	yoz
in de zomer (bw)	ёзда	yozda
zomer-, zomers (bn)	ёзги	yozgi
herfst (de)	куз	kuz
in de herfst (bw)	кузгда	kuzgda
herfst- (abn)	кузги	kuzgi
winter (de)	қиш	qish
in de winter (bw)	қишда	qishda
winter- (abn)	қишки	qishki
maand (de)	ой	oy
deze maand (bw)	бу ой	bu oy
volgende maand (bw)	янаги ойда	yanagi oyda
vorige maand (bw)	ўтган ойда	o'tgan oyda
een maand geleden (bw)	бир ой аввал	bir oy avval
over een maand (bw)	бир ойдан кейин	bir oydan keyin
over twee maanden (bw)	икки ойдан кейин	ikki oydan keyin
de hele maand (bw)	ой бўйи	oy bo'yi
een volle maand (bw)	бутун ой давомида	butun oy davomida
maand-, maandelijks (bn)	ойлик	oylik
maandelijks (bw)	ҳар ойда	har oyda
elke maand (bw)	ҳар ойда	har oyda
twee keer per maand	ойига икки марта	oyiga ikki marta
jaar (het)	йил	yil
dit jaar (bw)	шу йили	shu yili
volgend jaar (bw)	кейинги йили	keyingi yili
vorig jaar (bw)	ўтган йили	o'tgan yili
een jaar geleden (bw)	бир йил аввал	bir yil avval
over een jaar	бир йилдан кейин	bir yildan keyin
over twee jaar	икки йилдан кейин	ikki yildan keyin
het hele jaar	йил бўйи	yil bo'yi
een vol jaar	бутун йил давомида	butun yil davomida
elk jaar	ҳар йили	har yili
jaar-, jaarlijks (bn)	ҳар йилги	har yilgi
jaarlijks (bw)	ҳар йилда	har yilda
4 keer per jaar	йилига тўрт марта	yiliga to'rt marta
datum (de)	ойнинг куни	oyning kuni
datum (de)	сана	sana
kalender (de)	календар	kalendar
een half jaar	ярим йил	yarim yil
zes maanden	ярим йиллик	yarim yillik
seizoen (bijv. lente, zomer)	мавсум	mavsum
eeuw (de)	аср	asr

19. Tijd. Diversen

tijd (de)	вақт	vaqt
ogenblik (het)	лаҳза	lahza
moment (het)	он	on
ogenblikkelijk (bn)	бир лаҳзали	bir lahzali
tijdsbestek (het)	вақтнинг бир қисми	vaqtning bir qismi
leven (het)	ҳаёт	hayot
eeuwigheid (de)	мангулик	mangulik

epoche (de), tijdperk (het)	давр	davr
era (de), tijdperk (het)	катта тарихий давр	katta tarixiy davr
cyclus (de)	сикл	sikl
periode (de)	давр	davr
termijn (vastgestelde periode)	муддат	muddat

toekomst (de)	келажак	kelajak
toekomstig (bn)	келгуси	kelgusi
de volgende keer	кейинги сафар	keyingi safar
verleden (het)	ўтмиш	o'tmish
vorig (bn)	ўтган	o'tgan
de vorige keer	ўтган сафар	o'tgan safar

later (bw)	кейинроқ	keyinroq
na (~ het diner)	сўнг	so'ng
tegenwoordig (bw)	ҳозир	hozir
nu (bw)	ҳозиргина	hozirgina
onmiddellijk (bw)	дарҳол	darhol
snel (bw)	тезда	tezda
bij voorbaat (bw)	олдиндан	oldindan

lang geleden (bw)	анча илгари	ancha ilgari
kort geleden (bw)	яқиндагина	yaqindagina
noodlot (het)	тақдир	taqdir
herinneringen (mv.)	хотира	xotira
archief (het)	архив	arxiv

tijdens ... (ten tijde van)	... вақтида	... vaqtida
lang (bw)	узоқ	uzoq
niet lang (bw)	узоқ емас	uzoq emas
vroeg (bijv. ~ in de ochtend)	барвақт	barvaqt
laat (bw)	кеч	kech

voor altijd (bw)	абадий	abadiy
beginnen (ww)	бошламоқ	boshlamoq
uitstellen (ww)	кўчирмоқ	ko'chirmoq

tegelijkertijd (bw)	бир вақтда	bir vaqtda
voortdurend (bw)	доимо	doimo
constant (bijv. ~ lawaai)	доимий	doimiy
tijdelijk (bn)	вақтинча	vaqtincha

soms (bw)	баъзида	ba'zida
zelden (bw)	гоҳида	gohida
vaak (bw)	тез-тез	tez-tez

20. Tegenovergestelden

rijk (bn)	бой	boy
arm (bn)	камбағал	kambag'al
ziek (bn)	касал	kasal
gezond (bn)	соғлом	sog'lom
groot (bn)	катта	katta
klein (bn)	кичкина	kichkina
snel (bw)	тез	tez
langzaam (bw)	секин	sekin
snel (bn)	тез	tez
langzaam (bn)	секин	sekin
vrolijk (bn)	қувноқ	quvnoq
treurig (bn)	маъюс	ma'yus
samen (bw)	бирга	birga
apart (bw)	алоҳида	alohida
hardop (~ lezen)	овоз чиқариб	ovoz chiqarib
stil (~ lezen)	ичида	ichida
hoog (bn)	баланд	baland
laag (bn)	паст	past
diep (bn)	чуқур	chuqur
ondiep (bn)	саёз	sayoz
ja	ҳа	ha
nee	йўқ	yo'q
ver (bn)	узоқ	uzoq
dicht (bn)	яқин	yaqin
ver (bw)	узоқ	uzoq
dichtbij (bw)	яқинда	yaqinda
lang (bn)	узун	uzun
kort (bn)	қисқа	qisqa
vriendelijk (goedhartig)	меҳрибон	mehribon
kwaad (bn)	ёвуз	yovuz
gehuwd (mann.)	уйланган	uylangan
ongehuwd (mann.)	бўйдоқ	bo'ydoq
verbieden (ww)	тақиқламоқ	taqiqlamoq
toestaan (ww)	рухсат бермоқ	ruxsat bermoq
einde (het)	тамом	tamom
begin (het)	бошланиши	boshlanishi

linker (bn)	чап	chap
rechter (bn)	ўнг	o'ng
eerste (bn)	биринчи	birinchi
laatste (bn)	охирги	oxirgi
misdaad (de)	жиноят	jinoyat
bestraffing (de)	жазо	jazo
bevelen (ww)	буюрмоқ	buyurmoq
gehoorzamen (ww)	бўйсинмоқ	bo'ysinmoq
recht (bn)	тўғри	to'g'ri
krom (bn)	эгри	egri
paradijs (het)	жаннат	jannat
hel (de)	дўзах	do'zax
geboren worden (ww)	туғилмоқ	tug'ilmoq
sterven (ww)	ўлмоқ	o'lmoq
sterk (bn)	кучли	kuchli
zwak (bn)	заиф	zaif
oud (bn)	кекса	keksa
jong (bn)	ёш	yosh
oud (bn)	эски	eski
nieuw (bn)	янги	yangi
hard (bn)	қаттиқ	qattiq
zacht (bn)	юмшоқ	yumshoq
warm (bn)	илиқ	iliq
koud (bn)	совуқ	sovuq
dik (bn)	семиз	semiz
dun (bn)	ориқ	oriq
smal (bn)	тор	tor
breed (bn)	кенг	keng
goed (bn)	яхши	yaxshi
slecht (bn)	ёмон	yomon
moedig (bn)	ботир	botir
laf (bn)	қўрқоқ	qo'rqoq

21. Lijnen en vormen

vierkant (het)	квадрат	kvadrat
vierkant (bn)	квадрат	kvadrat
cirkel (de)	доира	doira
rond (bn)	думалоқ	dumaloq

| driehoek (de) | учбурчак | uchburchak |
| driehoekig (bn) | учбурчакли | uchburchakli |

ovaal (het)	овал	oval
ovaal (bn)	овал	oval
rechthoek (de)	тўғри тўртбурчак	to'g'ri to'rtburchak
rechthoekig (bn)	тўғри тўртбурчакли	to'g'ri to'rtburchakli

piramide (de)	пирамида	piramida
ruit (de)	ромб	romb
trapezium (het)	трапеция	trapetsiya
kubus (de)	куб	kub
prisma (het)	призма	prizma

omtrek (de)	айлана	aylana
bol, sfeer (de)	сфера	sfera
bal (de)	шар	shar

diameter (de)	диаметр	diametr
straal (de)	радиус	radius
omtrek (~ van een cirkel)	периметр	perimetr
middelpunt (het)	марказ	markaz

horizontaal (bn)	горизонтал	gorizontal
verticaal (bn)	вертикал	vertikal
parallel (de)	параллел	parallel
parallel (bn)	параллел	parallel

lijn (de)	чизиқ	chiziq
streep (de)	чизиқ	chiziq
rechte lijn (de)	тўғри чизиқ	to'g'ri chiziq
kromme (de)	егри чизиқ	egri chiziq
dun (bn)	ингичка	ingichka
omlijning (de)	шакл	shakl

snijpunt (het)	кесишиш	kesishish
rechte hoek (de)	тўғри бурчак	to'g'ri burchak
segment (het)	сегмент	segment
sector (de)	сектор	sektor
zijde (de)	томон	tomon
hoek (de)	бурчак	burchak

22. Meeteenheden

gewicht (het)	вазн	vazn
lengte (de)	узунлик	uzunlik
breedte (de)	кенглик	kenglik
hoogte (de)	баландлик	balandlik
diepte (de)	чуқурлик	chuqurlik
volume (het)	ҳажм	hajm
oppervlakte (de)	майдон	maydon

| gram (het) | грамм | gramm |
| milligram (het) | миллиграмм | milligramm |

kilogram (het)	килограмм	kilogramm
ton (duizend kilo)	тонна	tonna
pond (het)	фунт	funt
ons (het)	унция	untsiya

meter (de)	метр	metr
millimeter (de)	миллиметр	millimetr
centimeter (de)	сантиметр	santimetr
kilometer (de)	километр	kilometr
mijl (de)	миля	milya

duim (de)	дюйм	dyuym
voet (de)	фут	fut
yard (de)	ярд	yard

vierkante meter (de)	квадрат метр	kvadrat metr
hectare (de)	гектар	gektar

liter (de)	литр	litr
graad (de)	градус	gradus
volt (de)	волт	volt
ampère (de)	ампер	amper
paardenkracht (de)	от кучи	ot kuchi

hoeveelheid (de)	миқдор	miqdor
een beetje ...	бироз ...	biroz ...
helft (de)	ярим	yarim
dozijn (het)	ўн иккита	o'n ikkita
stuk (het)	дона	dona

afmeting (de)	ўлчам	o'lcham
schaal (bijv. ~ van 1 op 50)	масштаб	masshtab

minimaal (bn)	минимал	minimal
minste (bn)	енг кичик	eng kichik
medium (bn)	ўрта	o'rta
maximaal (bn)	максимал	maksimal
grootste (bn)	енг катта	eng katta

23. Containers

glazen pot (de)	банка	banka
blik (conserven~)	банка	banka
emmer (de)	челак	chelak
ton (bijv. regenton)	бочка	bochka

ronde waterbak (de)	жом	jom
tank (bijv. watertank-70-ltr)	бак	bak
heupfles (de)	фляжка	flyajka
jerrycan (de)	канистра	kanistra
tank (bijv. ketelwagen)	систерна	sisterna

beker (de)	кружка	krujka
kopje (het)	косача	kosacha

schoteltje (het)	ликопча	likopcha
glas (het)	стакан	stakan
wijnglas (het)	қадаҳ	qadah
steelpan (de)	кастрюл	kastryul

| fles (de) | бутилка | butilka |
| flessenhals (de) | бўғзи | bo'g'zi |

karaf (de)	графин	grafin
kruik (de)	кўза	ko'za
vat (het)	идиш	idish
pot (de)	хумча	xumcha
vaas (de)	ваза	vaza

flacon (de)	флакон	flakon
flesje (het)	шишача	shishacha
tube (bijv. ~ tandpasta)	тюбик	tyubik

zak (bijv. ~ aardappelen)	қоп	qop
tasje (het)	қоғоз халта	qog'oz xalta
pakje (~ sigaretten, enz.)	қути	quti

doos (de)	қути	quti
kist (de)	яшик	yashik
mand (de)	сават	savat

24. Materialen

materiaal (het)	материал	material
hout (het)	ёғоч	yog'och
houten (bn)	тахта	taxta

| glas (het) | шиша | shisha |
| glazen (bn) | шиша | shisha |

| steen (de) | тош | tosh |
| stenen (bn) | тош | tosh |

| plastic (het) | пластмасса | plastmassa |
| plastic (bn) | пластмасса | plastmassa |

| rubber (het) | резина | rezina |
| rubber-, rubberen (bn) | резина | rezina |

| stof (de) | мато | mato |
| van stof (bn) | матодан | matodan |

| papier (het) | қоғоз | qog'oz |
| papieren (bn) | қоғоз | qog'oz |

karton (het)	картон	karton
kartonnen (bn)	картон	karton
polyethyleen (het)	полиетилен	polietilen
cellofaan (het)	селлофан	sellofan

multiplex (het)	фанера	fanera
porselein (het)	чинни	chinni
porseleinen (bn)	чинни	chinni
klei (de)	лой	loy
klei-, van klei (bn)	лой	loy
keramiek (de)	сопол	sopol
keramieken (bn)	сопол	sopol

25. Metalen

metaal (het)	металл	metall
metalen (bn)	металл	metall
legering (de)	қотишма	qotishma
goud (het)	олтин	oltin
gouden (bn)	олтин	oltin
zilver (het)	кумуш	kumush
zilveren (bn)	кумуш	kumush
IJzer (het)	темр	temr
IJzeren (bn)	темир	temir
staal (het)	пўлат	po'lat
stalen (bn)	пўлат	po'lat
koper (het)	мис	mis
koperen (bn)	мис	mis
aluminium (het)	алюминий	alyuminiy
aluminium (bn)	алюминий	alyuminiy
brons (het)	бронза	bronza
bronzen (bn)	бронза	bronza
messing (het)	жез	jez
nikkel (het)	никел	nikel
platina (het)	платина	platina
kwik (het)	симоб	simob
tin (het)	қалайи	qalayi
lood (het)	қўрғошин	qo'rg'oshin
zink (het)	рух	rux

MENS

Mens. Het lichaam

26. Mensen. Basisbegrippen

mens (de)	одам	odam
man (de)	еркак	erkak
vrouw (de)	аёл	ayol
kind (het)	бола	bola
meisje (het)	қиз бола	qiz bola
jongen (de)	ўғил бола	o'g'il bola
tiener, adolescent (de)	ўспирин	o'spirin
oude man (de)	чол	chol
oude vrouw (de)	кампир	kampir

27. Menselijke anatomie

organisme (het)	организм	organizm
hart (het)	юрак	yurak
bloed (het)	қон	qon
slagader (de)	артерия	arteriya
ader (de)	вена	vena
hersenen (mv.)	мия	miya
zenuw (de)	нерв	nerv
zenuwen (mv.)	нервлар	nervlar
wervel (de)	умуртқа суяги	umurtqa suyagi
ruggengraat (de)	умуртқа	umurtqa
maag (de)	ошқозон	oshqozon
darmen (mv.)	ичак-чавоқ	ichak-chavoq
darm (de)	ичак	ichak
lever (de)	жигар	jigar
nier (de)	буйрак	buyrak
been (deel van het skelet)	суяк	suyak
skelet (het)	скелет	skelet
rib (de)	қовурға	qovurg'a
schedel (de)	бош суяги	bosh suyagi
spier (de)	мушак	mushak
biceps (de)	бицепс	bitseps
triceps (de)	трицепс	tritseps
pees (de)	пай	pay
gewricht (het)	бўғим	bo'g'im

longen (mv.)	ўпка	o'pka
geslachtsorganen (mv.)	жинсий аъзолар	jinsiy a'zolar
huid (de)	тери	teri

28. Hoofd

hoofd (het)	бош	bosh
gezicht (het)	юз	yuz
neus (de)	бурун	burun
mond (de)	оғиз	og'iz

oog (het)	кўз	ko'z
ogen (mv.)	кўзлар	ko'zlar
pupil (de)	қорачиқ	qorachiq
wenkbrauw (de)	қош	qosh
wimper (de)	киприк	kiprik
ooglid (het)	кўз қовоғи	ko'z qovog'i

tong (de)	тил	til
tand (de)	тиш	tish
lippen (mv.)	лаблар	lablar
jukbeenderen (mv.)	ёноқлар	yonoqlar
tandvlees (het)	милк	milk
gehemelte (het)	танглай	tanglay

neusgaten (mv.)	бурун тешиги	burun teshigi
kin (de)	енгак	engak
kaak (de)	жағ	jag'
wang (de)	юз	yuz

voorhoofd (het)	пешона	peshona
slaap (de)	чакка	chakka
oor (het)	қулоқ	quloq
achterhoofd (het)	гардан	gardan
hals (de)	бўйин	bo'yin
keel (de)	томоқ	tomoq

haren (mv.)	сочлар	sochlar
kapsel (het)	турмак	turmak
haarsnit (de)	кесиш	kesish
pruik (de)	ясама соч	yasama soch

snor (de)	мўйлов	mo'ylov
baard (de)	соқол	soqol
dragen (een baard, enz.)	қўйиш	qo'yish
vlecht (de)	соч ўрими	soch o'rimi
bakkebaarden (mv.)	чекка соқол	chekka soqol

ros (roodachtig, rossig)	малла	malla
grijs (~ haar)	оқарган	oqargan
kaal (bn)	кал	kal
kale plek (de)	сочи йўқ жой	sochi yo'q joy
paardenstaart (de)	дум	dum
pony (de)	пешонагажак	peshonagajak

29. Menselijk lichaam

hand (de)	панжа	panja
arm (de)	қўл	qo'l

vinger (de)	бармоқ	barmoq
duim (de)	катта бармоқ	katta barmoq
pink (de)	жимжилоқ	jimjiloq
nagel (de)	тирноқ	tirnoq

vuist (de)	мушт	musht
handpalm (de)	кафт	kaft
pols (de)	билак	bilak
voorarm (de)	билак	bilak
elleboog (de)	тирсак	tirsak
schouder (de)	елка	elka

been (rechter ~)	оёқ	oyoq
voet (de)	товон таги	tovon tagi
knie (de)	тизза	tizza
kuit (de)	болдир	boldir
heup (de)	сон	son
hiel (de)	товон	tovon

lichaam (het)	тана	tana
buik (de)	қорин	qorin
borst (de)	кўкрак	ko'krak
borst (de)	сийна, емчак	siyna, emchak
zijde (de)	ёнбош	yonbosh
rug (de)	орқа	orqa
lage rug (de)	бел	bel
taille (de)	бел	bel

navel (de)	киндик	kindik
billen (mv.)	думбалар	dumbalar
achterwerk (het)	орқа	orqa

huidvlek (de)	хол	xol
moedervlek (de)	қашқа хол	qashqa xol
tatoeage (de)	татуировка	tatuirovka
litteken (het)	чандиқ	chandiq

Kleding en accessoires

30. Bovenkleding. Jassen

kleren (mv.), kleding (de)	кийим	kiyim
bovenkleding (de)	устки кийим	ustki kiyim
winterkleding (de)	қишки кийим	qishki kiyim
jas (de)	палто	palto
bontjas (de)	пўстин	po'stin
bontjasje (het)	калта пўстин	kalta po'stin
donzen jas (de)	пуховик	puxovik
jasje (bijv. een leren ~)	куртка	kurtka
regenjas (de)	плашч	plashch
waterdicht (bn)	сув ўтказмайдиган	suv o'tkazmaydigan

31. Heren & dames kleding

overhemd (het)	кўйлак	ko'ylak
broek (de)	шим	shim
jeans (de)	жинси	jinsi
colbert (de)	пиджак	pidjak
kostuum (het)	костюм	kostyum
jurk (de)	аёллар кўйлаги	ayollar ko'ylagi
rok (de)	юбка	yubka
blouse (de)	блузка	bluzka
wollen vest (de)	жун кофта	jun kofta
blazer (kort jasje)	жакет	jaket
T-shirt (het)	футболка	futbolka
shorts (mv.)	шорти	shorti
trainingspak (het)	спорт костюми	sport kostyumi
badjas (de)	халат	xalat
pyjama (de)	пижама	pijama
sweater (de)	свитер	sviter
pullover (de)	пуловер	pulover
gilet (het)	жилет	jilet
rokkostuum (het)	фрак	frak
smoking (de)	смокинг	smoking
uniform (het)	форма	forma
werkkleding (de)	жомакор	jomakor
overall (de)	комбинезон	kombinezon
doktersjas (de)	халат	xalat

32. Kleding. Ondergoed

ondergoed (het)	ич кийим	ich kiyim
onderhemd (het)	майка	mayka
sokken (mv.)	пайпоқ	paypoq

nachthemd (het)	тунги кўйлак	tungi ko'ylak
beha (de)	бюстгалтер	byustgalter
kniekousen (mv.)	голфи	golfi
panty (de)	колготки	kolgotki
nylonkousen (mv.)	пайпоқ	paypoq
badpak (het)	купалник	kupalnik

33. Hoofddeksels

hoed (de)	қалпоқ	qalpoq
deukhoed (de)	шляпа	shlyapa
honkbalpet (de)	бейсболка	beysbolka
kleppet (de)	кепка	kepka

baret (de)	берет	beret
kap (de)	капюшон	kapyushon
panamahoed (de)	панамка	panamka
gebreide muts (de)	тўқилган шапка	to'qilgan shapka

hoofddoek (de)	рўмол	ro'mol
dameshoed (de)	қалпоқча	qalpoqcha

veiligheidshelm (de)	каска	kaska
veldmuts (de)	пилотка	pilotka
helm, valhelm (de)	шлем	shlem

bolhoed (de)	котелок	kotelok
hoge hoed (de)	силиндр	silindr

34. Schoeisel

schoeisel (het)	пояфзал	poyafzal
schoenen (mv.)	ботинка	botinka
vrouwenschoenen (mv.)	туфли	tufli
laarzen (mv.)	етик	etik
pantoffels (mv.)	шиппак	shippak

sportschoenen (mv.)	кроссовка	krossovka
sneakers (mv.)	кеда	keda
sandalen (mv.)	сандал шиппак	sandal shippak

schoenlapper (de)	етикдўз	etikdo'z
hiel (de)	пошна	poshna
paar (een ~ schoenen)	жуфт	juft
veter (de)	чизимча	chizimcha

rijgen (schoenen ~)	боғлаш	bog'lash
schoenlepel (de)	қошиқ	qoshiq
schoensmeer (de/het)	пояфзал мойи	poyafzal moyi

35. Textiel. Weefsel

katoen (de/het)	пахта	paxta
katoenen (bn)	пахтадан	paxtadan
vlas (het)	зиғир	zig'ir
vlas-, van vlas (bn)	зиғирдан	zig'irdan

zijde (de)	ипак	ipak
zijden (bn)	ипак	ipak
wol (de)	жун	jun
wollen (bn)	жун	jun

fluweel (het)	бахмал	baxmal
suède (de)	замш	zamsh
ribfluweel (het)	чийдухоба	chiyduxoba

nylon (de/het)	нейлон	neylon
nylon-, van nylon (bn)	нейлондан	neylondan
polyester (het)	полиестер	poliester
polyester- (abn)	полиестердан	poliesterdan

leer (het)	чарм	charm
leren (van leer gemaak)	чармдан	charmdan
bont (het)	мўйна	mo'yna
bont- (abn)	мўйнадан	mo'ynadan

36. Persoonlijke accessoires

handschoenen (mv.)	қўлқоплар	qo'lqoplar
wanten (mv.)	бошмалдоқли қўлқоплар	boshmaldoqli qo'lqoplar
sjaal (fleece ~)	бўйинбоғ	bo'yinbog'

bril (de)	кўзойнак	ko'zoynak
brilmontuur (het)	гардиш	gardish
paraplu (de)	соябон	soyabon
wandelstok (de)	хасса	xassa
haarborstel (de)	тароқ	taroq
waaier (de)	елпиғич	elpig'ich

das (de)	галстук	galstuk
strikje (het)	галстук-бабочка	galstuk-babochka
bretels (mv.)	подтяжки	podtyajki
zakdoek (de)	дастрўмол	dastro'mol

kam (de)	тароқ	taroq
haarspeldje (het)	соч тўғнағичи	soch to'g'nag'ichi
schuifspeldje (het)	шпилка	shpilka
gesp (de)	камар тўқаси	kamar to'qasi

broekriem (de)	камар	kamar
draagriem (de)	тасма	tasma

handtas (de)	сумка	sumka
damestas (de)	сумкача	sumkacha
rugzak (de)	рюкзак	ryukzak

37. Kleding. Diversen

mode (de)	мода	moda
de mode (bn)	модали	modali
kledingstilist (de)	моделер	modeler

kraag (de)	ёқа	yoqa
zak (de)	чўнтак	cho'ntak
zak- (abn)	чўнтак	cho'ntak
mouw (de)	енг	eng
lusje (het)	илгак	ilgak
gulp (de)	йирмоч	yirmoch

rits (de)	молния	molniya
sluiting (de)	кийим илгаги	kiyim ilgagi
knoop (de)	тугма	tugma
knoopsgat (het)	илгак	ilgak
losraken (bijv. knopen)	узилмоқ	uzilmoq

naaien (kleren, enz.)	тикиш	tikish
borduren (ww)	кашта тикиш	kashta tikish
borduursel (het)	кашта	kashta
naald (de)	игна	igna
draad (de)	ип	ip
naad (de)	чок	chok

vies worden (ww)	ифлосланмоқ	ifloslanmoq
vlek (de)	доғ	dog'
gekreukt raken (ov. kleren)	ғижимланиш	g'ijimlanish
scheuren (ov.ww.)	йиртмоқ	yirtmoq
mot (de)	куя	kuya

38. Persoonlijke verzorging. Schoonheidsmiddelen

tandpasta (de)	тиш пастаси	tish pastasi
tandenborstel (de)	тиш чўткаси	tish cho'tkasi
tanden poetsen (ww)	тиш тозаламоқ	tish tozalamoq

scheermes (het)	устара	ustara
scheerschuim (het)	соқол олиш креми	soqol olish kremi
zich scheren (ww)	соқол олмоқ	soqol olmoq

zeep (de)	совун	sovun
shampoo (de)	шампун	shampun
schaar (de)	қайчи	qaychi

nagelvijl (de)	тирноқ егови	tirnoq egovi
nagelknipper (de)	тирноқ омбири	tirnoq ombiri
pincet (het)	пинцет	pintset

cosmetica (de)	косметика	kosmetika
masker (het)	ниқоб	niqob
manicure (de)	маникюр	manikyur
manicure doen	маникюрлаш	manikyurlash
pedicure (de)	педикюр	pedikyur

cosmetica tasje (het)	косметичка	kosmetichka
poeder (de/het)	упа	upa
poederdoos (de)	упадон	upadon
rouge (de)	қизил ёғупа	qizil yog'upa

parfum (de/het)	атир	atir
eau de toilet (de)	атир	atir
lotion (de)	лосон	loson
eau de cologne (de)	атир	atir

oogschaduw (de)	кўз бўёғи	ko'z bo'yog'i
oogpotlood (het)	кўз қалами	ko'z qalami
mascara (de)	киприк бўёғи	kiprik bo'yog'i

lippenstift (de)	лаб помадаси	lab pomadasi
nagellak (de)	тирноқ учун лок	tirnoq uchun lok
haarlak (de)	соч учун лок	soch uchun lok
deodorant (de)	дезодорант	dezodorant

crème (de)	крем	krem
gezichtscrème (de)	юз учун крем	yuz uchun krem
handcrème (de)	қўл учун крем	qo'l uchun krem
antirimpelcrème (de)	ажинга қарши крем	ajinga qarshi krem
dag- (abn)	кундузги	kunduzgi
nacht- (abn)	тунги	tungi

tampon (de)	тампон	tampon
toiletpapier (het)	туалет қоғози	tualet qog'ozi
föhn (de)	фен	fen

39. Juwelen

sieraden (mv.)	зеб-зийнат	zeb-ziynat
edel (bijv. ~ stenen)	қимматбаҳо	qimmatbaho
keurmerk (het)	проба	proba

ring (de)	узук	uzuk
trouwring (de)	никоҳ узуги	nikoh uzugi
armband (de)	билакузук	bilakuzuk

oorringen (mv.)	зирак	zirak
halssnoer (het)	маржон	marjon
kroon (de)	тож	toj
kralen snoer (het)	мунчоқ	munchoq

diamant (de)	бриллиант	brilliant
smaragd (de)	зумрад	zumrad
robijn (de)	ёқут	yoqut
saffier (de)	зангори ёқут	zangori yoqut
parel (de)	марварид	marvarid
barnsteen (de)	қахрабо	qahrabo

40. Horloges. Klokken

polshorloge (het)	соат	soat
wijzerplaat (de)	сиферблат	siferblat
wijzer (de)	мил, стрелка	mil, strelka
metalen horlogeband (de)	браслет	braslet
horlogebandje (het)	тасмача	tasmacha

batterij (de)	батарейка	batareyka
leeg zijn (ww)	ўтириб қолмоқ	o'tirib qolmoq
batterij vervangen	батарейка алмаштирмоқ	batareyka almashtirmoq
voorlopen (ww)	шошмоқ	shoshmoq
achterlopen (ww)	кечикмоқ	kechikmoq

wandklok (de)	девор соати	devor soati
zandloper (de)	қум соати	qum soati
zonnewijzer (de)	қуёш соати	quyosh soati
wekker (de)	будилник	budilnik
horlogemaker (de)	соацоз	soatsoz
repareren (ww)	таъмирламоқ	ta'mirlamoq

Voedsel. Voeding

41. Voedsel

vlees (het)	гўшт	go'sht
kip (de)	товуқ	tovuq
kuiken (het)	жўжа	jo'ja
eend (de)	ўрдак	o'rdak
gans (de)	ғоз	g'oz
wild (het)	илвасин	ilvasin
kalkoen (de)	курка	kurka
varkensvlees (het)	чўчқа гўшти	cho'chqa go'shti
kalfsvlees (het)	бузоқ гўшти	buzoq go'shti
schapenvlees (het)	қўй гўшти	qo'y go'shti
rundvlees (het)	мол гўшти	mol go'shti
konijnenvlees (het)	қуён	quyon
worst (de)	колбаса	kolbasa
saucijs (de)	сосиска	sosiska
spek (het)	бекон	bekon
ham (de)	ветчина	vetchina
gerookte achterham (de)	сон гўшти	son go'shti
paté, pastei (de)	паштет	pashtet
lever (de)	жигар	jigar
gehakt (het)	қийма	qiyma
tong (de)	тил	til
ei (het)	тухум	tuxum
eieren (mv.)	тухумлар	tuxumlar
eiwit (het)	тухумни оқи	tuxumni oqi
eigeel (het)	тухумни сариғи	tuxumni sarig'i
vis (de)	балиқ	baliq
zeevruchten (mv.)	денгиз маҳсулоти	dengiz mahsuloti
schaaldieren (mv.)	қисқичбақасимонлар	qisqichbaqasimonlar
kaviaar (de)	увилдириқ	uvildiriq
krab (de)	қисқичбақа	qisqichbaqa
garnaal (de)	креветка	krevetka
oester (de)	устрица	ustritsa
langoest (de)	лангуст	langust
octopus (de)	саккизоёқ	sakkizoyoq
inktvis (de)	калмар	kalmar
steur (de)	осётр гўшти	osyotr go'shti
zalm (de)	лосос	losos
heilbot (de)	палтус	paltus
kabeljauw (de)	треска	treska

makreel (de)	скумбрия	skumbriya
tonijn (de)	тунец	tunets
paling (de)	илонбалиқ	ilonbaliq

forel (de)	форел	forel
sardine (de)	сардина	sardina
snoek (de)	чўртанбалиқ	cho'rtanbaliq
haring (de)	селд	seld

brood (het)	нон	non
kaas (de)	пишлоқ	pishloq
suiker (de)	қанд	qand
zout (het)	туз	tuz

rijst (de)	гуруч	guruch
pasta (de)	макарон	makaron
noedels (mv.)	угра	ugra

boter (de)	сариёғ	sariyog'
plantaardige olie (de)	ўсимлик ёғи	o'simlik yog'i
zonnebloemolie (de)	кунгабоқар ёғи	kungaboqar yog'i
margarine (de)	маргарин	margarin

olijven (mv.)	зайтун	zaytun
olijfolie (de)	зайтун ёғи	zaytun yog'i

melk (de)	сут	sut
gecondenseerde melk (de)	қуйилтирилган сут	quyiltirilgan sut
yoghurt (de)	ёгурт	yogurt
zure room (de)	сметана	smetana
room (de)	қаймоқ	qaymoq

mayonaise (de)	маёнез	mayonez
crème (de)	крем	krem

graan (het)	ёрма	yorma
meel (het), bloem (de)	ун	un
conserven (mv.)	консерва	konserva

maïsvlokken (mv.)	маккажўхори бодроқ	makkajo'xori bodroq
honing (de)	асал	asal
jam (de)	жем	jem
kauwgom (de)	чайналадиган резинка	chaynaladigan rezinka

42. Drankjes

water (het)	сув	suv
drinkwater (het)	ичимлик сув	ichimlik suv
mineraalwater (het)	минерал сув	mineral suv

zonder gas	газсиз	gazsiz
koolzuurhoudend (bn)	газланган	gazlangan
bruisend (bn)	газли	gazli
IJs (het)	муз	muz

met ijs	музли	muzli
alcohol vrij (bn)	алкоголсиз	alkogolsiz
alcohol vrije drank (de)	алкоголсиз ичимлик	alkogolsiz ichimlik
frisdrank (de)	салқин ичимлик	salqin ichimlik
limonade (de)	лимонад	limonad
alcoholische dranken (mv.)	спиртли ичимликлар	spirtli ichimliklar
wijn (de)	вино	vino
witte wijn (de)	оқ вино	oq vino
rode wijn (de)	қизил вино	qizil vino
likeur (de)	ликёр	likyor
champagne (de)	шампан виноси	shampan vinosi
vermout (de)	вермут	vermut
whisky (de)	виски	viski
wodka (de)	ароқ	aroq
gin (de)	джин	djin
cognac (de)	коняк	konyak
rum (de)	ром	rom
koffie (de)	кофе	kofe
zwarte koffie (de)	қора кофе	qora kofe
koffie (de) met melk	сутли кофе	sutli kofe
cappuccino (de)	қаймоқли кофе	qaymoqli kofe
oploskoffie (de)	ерийдиган кофе	eriydigan kofe
melk (de)	сут	sut
cocktail (de)	коктейл	kokteyl
milkshake (de)	сутли коктейл	sutli kokteyl
sap (het)	шарбат	sharbat
tomatensap (het)	томат шарбати	tomat sharbati
sinaasappelsap (het)	апелсин шарбати	apelsin sharbati
vers geperst sap (het)	янги сиқилган шарбат	yangi siqilgan sharbat
bier (het)	пиво	pivo
licht bier (het)	оч ранг пиво	och rang pivo
donker bier (het)	тўқ ранг пиво	to'q rang pivo
thee (de)	чой	choy
zwarte thee (de)	қора чой	qora choy
groene thee (de)	кўк чой	ko'k choy

43. Groenten

groenten (mv.)	сабзавотлар	sabzavotlar
verse kruiden (mv.)	кўкат	ko'kat
tomaat (de)	помидор	pomidor
augurk (de)	бодринг	bodring
wortel (de)	сабзи	sabzi
aardappel (de)	картошка	kartoshka
ui (de)	пиёз	piyoz

knoflook (de)	саримсоқ	sarimsoq
kool (de)	карам	karam
bloemkool (de)	гулкарам	gulkaram
spruitkool (de)	брюссел карами	bryussel karami
broccoli (de)	брокколи карами	brokkoli karami
rode biet (de)	лавлаги	lavlagi
aubergine (de)	бақлажон	baqlajon
courgette (de)	қовоқча	qovoqcha
pompoen (de)	ошқовоқ	oshqovoq
raap (de)	шолғом	sholg'om
peterselie (de)	петрушка	petrushka
dille (de)	укроп	ukrop
sla (de)	салат	salat
selderij (de)	селдерей	selderey
asperge (de)	сарсабил	sarsabil
spinazie (de)	исмалоқ	ismaloq
erwt (de)	нўхат	no'xat
bonen (mv.)	дуккакли ўсимликлар	dukkakli o'simliklar
maïs (de)	маккажўхори	makkajo'xori
boon (de)	ловия	loviya
peper (de)	қалампир	qalampir
radijs (de)	редиска	rediska
artisjok (de)	артишок	artishok

44. Vruchten. Noten

vrucht (de)	мева	meva
appel (de)	олма	olma
peer (de)	нок	nok
citroen (de)	лимон	limon
sinaasappel (de)	апелсин	apelsin
aardbei (de)	қулупнай	qulupnay
mandarijn (de)	мандарин	mandarin
pruim (de)	олхўри	olxo'ri
perzik (de)	шафтоли	shaftoli
abrikoos (de)	ўрик	o'rik
framboos (de)	малина	malina
ananas (de)	ананас	ananas
banaan (de)	банан	banan
watermeloen (de)	тарвуз	tarvuz
druif (de)	узум	uzum
zure kers (de)	олча	olcha
zoete kers (de)	гилос	gilos
meloen (de)	қовун	qovun
grapefruit (de)	грейпфрут	greypfrut
avocado (de)	авокадо	avokado
papaja (de)	папайя	papayya

mango (de)	манго	mango
granaatappel (de)	анор	anor

rode bes (de)	қизил смородина	qizil smorodina
zwarte bes (de)	қора смородина	qora smorodina
kruisbes (de)	крижовник	krijovnik
bosbes (de)	черника	chernika
braambes (de)	маймунжон	maymunjon

rozijn (de)	майиз	mayiz
vijg (de)	анжир	anjir
dadel (de)	хурмо	xurmo

pinda (de)	ерёнгоқ	eryong'oq
amandel (de)	бодом	bodom
walnoot (de)	ёнгоқ	yong'oq
hazelnoot (de)	ўрмон ёнгоғи	o'rmon yong'og'i
kokosnoot (de)	кокос ёнгоғи	kokos yong'og'i
pistaches (mv.)	писта	pista

45. Brood. Snoep

suikerbakkerij (de)	қандолат маҳсулотлари	qandolat mahsulotlari
brood (het)	нон	non
koekje (het)	печене	pechene

chocolade (de)	шоколад	shokolad
chocolade- (abn)	шоколадли	shokoladli
snoepje (het)	конфет	konfet
cakeje (het)	пирожное	pirojnoe
taart (bijv. verjaardags~)	торт	tort

pastei (de)	пирог	pirog
vulling (de)	начинка	nachinka

confituur (de)	мураббо	murabbo
marmelade (de)	мармелад	marmelad
wafel (de)	вафли	vafli
IJsje (het)	музқаймоқ	muzqaymoq
pudding (de)	пудинг	puding

46. Bereide gerechten

gerecht (het)	таом	taom
keuken (bijv. Franse ~)	ошхона	oshxona
recept (het)	рецепт	retsept
portie (de)	порция	portsiya

salade (de)	салат	salat
soep (de)	шўрва	sho'rva
bouillon (de)	қуруқ қайнатма шўрва	quruq qaynatma sho'rva
boterham (de)	бутерброд	buterbrod

spiegelei (het)	тухум қуймоқ	tuxum quymoq
hamburger (de)	гамбургер	gamburger
biefstuk (de)	бифштекс	bifshteks

garnering (de)	гарнир	garnir
spaghetti (de)	спагетти	spagetti
aardappelpuree (de)	картошка пюреси	kartoshka pyuresi
pizza (de)	пицца	pitstsa
pap (de)	бўтқа	bo'tqa
omelet (de)	қуймоқ	quymoq

gekookt (in water)	пиширилган	pishirilgan
gerookt (bn)	дудланган	dudlangan
gebakken (bn)	қовурилган	qovurilgan
gedroogd (bn)	қуритилган	quritilgan
diepvries (bn)	музлатилган	muzlatilgan
gemarineerd (bn)	маринадланган	marinadlangan

zoet (bn)	ширин	shirin
gezouten (bn)	тузланган	tuzlangan
koud (bn)	совуқ	sovuq
heet (bn)	иссиқ	issiq
bitter (bn)	аччиқ	achchiq
lekker (bn)	мазали	mazali

koken (in kokend water)	пиширмоқ	pishirmoq
bereiden (avondmaaltijd ~)	тайёрламоқ	tayyorlamoq
bakken (ww)	қовурмоқ	qovurmoq
opwarmen (ww)	иситмоқ	isitmoq

zouten (ww)	тузламоқ	tuzlamoq
peperen (ww)	мурч сепмоқ	murch sepmoq
raspen (ww)	қирғичда қирмоқ	qirg'ichda qirmoq
schil (de)	пўст	po'st
schillen (ww)	тозаламоқ	tozalamoq

47. Kruiden

zout (het)	туз	tuz
gezouten (bn)	тузли	tuzli
zouten (ww)	тузламоқ	tuzlamoq

zwarte peper (de)	қора мурч	qora murch
rode peper (de)	қизил қалампир	qizil qalampir
mosterd (de)	горчица	gorchitsa
mierikswortel (de)	хрен	xren

condiment (het)	зиравор	ziravor
specerij , kruiderij (de)	доривор	dorivor
saus (de)	қайла	qayla
azijn (de)	сирка	sirka

| anijs (de) | анис | anis |
| basilicum (de) | райҳон | rayhon |

kruidnagel (de)	қалампирмунчоқ	qalampirmunchoq
gember (de)	занжабил	zanjabil
koriander (de)	кашнич	kashnich
kaneel (de/het)	долчин	dolchin

sesamzaad (het)	кунжут	kunjut
laurierblad (het)	лавр япроғи	lavr yaprog'i
paprika (de)	гармдори	garmdori
komijn (de)	зира	zira
saffraan (de)	заъфарон	za'faron

48. Maaltijden

| eten (het) | таом | taom |
| eten (ww) | йемоқ | yemoq |

ontbijt (het)	нонушта	nonushta
ontbijten (ww)	нонушта қилмоқ	nonushta qilmoq
lunch (de)	тушлик	tushlik
lunchen (ww)	тушлик қилмоқ	tushlik qilmoq
avondeten (het)	кечки овқат	kechki ovqat
souperen (ww)	кечки овқатни емоқ	kechki ovqatni emoq

| eetlust (de) | иштаҳа | ishtaha |
| Eet smakelijk! | Ёқимли иштаҳа! | Yoqimli ishtaha! |

openen (een fles ~)	очмоқ	ochmoq
morsen (koffie, enz.)	тўкмоқ	to'kmoq
zijn gemorst	тўкилмоқ	to'kilmoq

koken (water kookt bij 100°C)	қайнамоқ	qaynamoq
koken (Hoe om water te ~)	қайнатмоқ	qaynatmoq
gekookt (~ water)	қайнатилган	qaynatilgan

| afkoelen (koeler maken) | совутмоқ | sovutmoq |
| afkoelen (koeler worden) | совутилмоқ | sovutilmoq |

| smaak (de) | таъм | ta'm |
| nasmaak (de) | қўшимча таъм | qo'shimcha ta'm |

volgen een dieet	озмоқ	ozmoq
dieet (het)	парҳез	parhez
vitamine (de)	витамин	vitamin
calorie (de)	калория	kaloriya

| vegetariër (de) | вегетариан | vegetarian |
| vegetarisch (bn) | вегетарианча | vegetariancha |

vetten (mv.)	ёғлар	yog'lar
eiwitten (mv.)	оқсиллар	oqsillar
koolhydraten (mv.)	углеводлар	uglevodlar
snede (de)	тилимча	tilimcha
stuk (bijv. een ~ taart)	бўлак	bo'lak
kruimel (de)	урвоқ	urvoq

49. Tafelschikking

lepel (de)	қошиқ	qoshiq
mes (het)	пичоқ	pichoq
vork (de)	санчқи	sanchqi
kopje (het)	косача	kosacha
bord (het)	тарелка	tarelka
schoteltje (het)	ликопча	likopcha
servet (het)	қўл сочиқ	qo'l sochiq
tandenstoker (de)	тиш кавлагич	tish kavlagich

50. Restaurant

restaurant (het)	ресторан	restoran
koffiehuis (het)	кофехона	kofexona
bar (de)	бар	bar
tearoom (de)	чой салони	choy saloni
kelner, ober (de)	официант	ofitsiant
serveerster (de)	официантка	ofitsiantka
barman (de)	бармен	barmen
menu (het)	таомнома	taomnoma
wijnkaart (de)	винолар рўйхати	vinolar ro'yxati
een tafel reserveren	столни банд қилмоқ	stolni band qilmoq
gerecht (het)	таом	taom
bestellen (eten ~)	буюртма қилмоқ	buyurtma qilmoq
een bestelling maken	буюртма бермоқ	buyurtma bermoq
aperitief (de/het)	аперитив	aperitiv
voorgerecht (het)	газак	gazak
dessert (het)	десерт	desert
rekening (de)	ҳисоб	hisob
de rekening betalen	ҳисоб бўйича тўламоқ	hisob bo'yicha to'lamoq
wisselgeld teruggeven	қайтим бермоқ	qaytim bermoq
fooi (de)	чойчақа	choychaqa

Familie, verwanten en vrienden

51. Persoonlijke informatie. Formulieren

naam (de)	исм	ism
achternaam (de)	фамилия	familiya
geboortedatum (de)	туғилган сана	tug'ilgan sana
geboorteplaats (de)	туғилган жойи	tug'ilgan joyi

nationaliteit (de)	миллати	millati
woonplaats (de)	турар жойи	turar joyi
land (het)	мамлакат	mamlakat
beroep (het)	касб	kasb

geslacht (ov. het vrouwelijk ~)	жинс	jins
lengte (de)	бўй	bo'y
gewicht (het)	вазн	vazn

52. Familieleden. Verwanten

moeder (de)	она	ona
vader (de)	ота	ota
zoon (de)	ўғли	o'g'li
dochter (de)	қиз	qiz
jongste dochter (de)	кичик қиз	kichik qiz
jongste zoon (de)	кичик ўғил	kichik o'g'il
oudste dochter (de)	катта қизи	katta qizi
oudste zoon (de)	катта ўғли	katta o'g'li

neef (zoon van oom, tante)	амакивачча, холавачча	amakivachcha, xolavachcha
nicht (dochter van oom, tante)	амакивачча, холавачча	amakivachcha, xolavachcha
mama (de)	ойи	oyi
papa (de)	дада	dada
ouders (mv.)	ота-она	ota-ona
kind (het)	бола	bola
kinderen (mv.)	болалар	bolalar

oma (de)	буви	buvi
opa (de)	бобо	bobo
kleinzoon (de)	невара	nevara
kleindochter (de)	набира	nabira
kleinkinderen (mv.)	невларалар	nevaralar

oom (de)	амаки	amaki
tante (de)	хола	xola
neef (zoon van broer, zus)	жиян	jiyan

nicht (dochter van broer ,zus)	жиян	jiyan
schoonmoeder (de)	қайнона	qaynona
schoonvader (de)	қайнота	qaynota
schoonzoon (de)	куёв	kuyov
stiefmoeder (de)	ўгай она	o'gay ona
stiefvader (de)	ўгай ота	o'gay ota
zuigeling (de)	гўдак	go'dak
wiegenkind (het)	чақалоқ	chaqaloq
kleuter (de)	кичкинтой	kichkintoy
vrouw (de)	хотин	xotin
man (de)	ер	er
echtgenoot (de)	рафиқ	rafiq
echtgenote (de)	рафиқа	rafiqa
gehuwd (mann.)	уйланган	uylangan
gehuwd (vrouw.)	турмушга чиққан	turmushga chiqqan
ongehuwd (mann.)	бўйдоқ	bo'ydoq
vrijgezel (de)	бўйдоқ	bo'ydoq
gescheiden (bn)	ажрашган	ajrashgan
weduwe (de)	бева аёл	beva ayol
weduwnaar (de)	бева еркак	beva erkak
familielid (het)	қариндош	qarindosh
dichte familielid (het)	яқин қариндош	yaqin qarindosh
verre familielid (het)	узоқ қариндош	uzoq qarindosh
familieleden (mv.)	қариндошлар	qarindoshlar
wees (de), weeskind (het)	йетим	yetim
voogd (de)	васий	vasiy
adopteren (een jongen te ~)	ўғил қилиб олиш	o'g'il qilib olish
adopteren (een meisje te ~)	қиз қилиб олиш	qiz qilib olish

53. Vrienden. Collega's

vriend (de)	дўст	do'st
vriendin (de)	дугона	dugona
vriendschap (de)	дўстлик	do'stlik
bevriend zijn (ww)	дўстлашмоқ	do'stlashmoq
makker (de)	оғайни	og'ayni
vriendin (de)	дугона	dugona
partner (de)	шерик	sherik
chef (de)	раҳбар	rahbar
baas (de)	бошлиқ	boshliq
ondergeschikte (de)	бўйсунувчи	bo'ysunuvchi
collega (de)	ҳамкасб	hamkasb
kennis (de)	таниш	tanish
medereiziger (de)	йўловчи	yo'lovchi
klasgenoot (de)	синфдош	sinfdosh
buurman (de)	қўшни еркак	qo'shni erkak

buurvrouw (de)	қўшни аёл	qo'shni ayol
buren (mv.)	қўшнилар	qo'shnilar

54. Man. Vrouw

vrouw (de)	аёл	ayol
meisje (het)	қиз	qiz
bruid (de)	келин	kelin

mooi(e) (vrouw, meisje)	чиройли	chiroyli
groot, grote (vrouw, meisje)	баланд	baland
slank(e) (vrouw, meisje)	хушбичим	xushbichim
korte, kleine (vrouw, meisje)	пакана	pakana

blondine (de)	оқ-сариқ соч	oq-sariq soch
brunette (de)	қора соч	qora soch

dames- (abn)	аёлларга хос	ayollarga xos
maagd (de)	маъсума	ma'suma
zwanger (bn)	ҳомиладор	homilador

man (de)	еркак	erkak
blonde man (de)	оқ-сариқ соч	oq-sariq soch
bruinharige man (de)	қора соч	qora soch
groot (bn)	баланд	baland
klein (bn)	пакана	pakana

onbeleefd (bn)	қўпол	qo'pol
gedrongen (bn)	чорпахил	chorpaxil
robuust (bn)	бақувват	baquvvat
sterk (bn)	кучли	kuchli
sterkte (de)	куч	kuch

mollig (bn)	семиз	semiz
getaand (bn)	қорача	qoracha
slank (bn)	хушбичим	xushbichim
elegant (bn)	башанг	bashang

55. Leeftijd

leeftijd (de)	ёши	yoshi
jeugd (de)	ёшлик	yoshlik
jong (bn)	ёш	yosh

jonger (bn)	ёшроқ	yoshroq
ouder (bn)	каттароқ	kattaroq

jongen (de)	ёш йигит	yosh yigit
tiener, adolescent (de)	ўспирин	o'spirin
kerel (de)	йигит	yigit
oude man (de)	чол	chol
oude vrouw (de)	кампир	kampir

volwassen (bn)	катта ёшли	katta yoshli
van middelbare leeftijd (bn)	ўрта ёшли	o'rta yoshli
bejaard (bn)	кексайган	keksaygan
oud (bn)	кекса	keksa

| met pensioen gaan | нафақага чиқиш | nafaqaga chiqish |
| gepensioneerde (de) | нафақахўр | nafaqaxo'r |

56. Kinderen

kind (het)	бола	bola
kinderen (mv.)	болалар	bolalar
tweeling (de)	егизаклар	egizaklar

wieg (de)	бешик	beshik
rammelaar (de)	шиқилдоқ	shiqildoq
luier (de)	таглик	taglik

speen (de)	сўргич	so'rgich
kinderwagen (de)	аравача	aravacha
kleuterschool (de)	болалар боғчаси	bolalar bog'chasi
babysitter (de)	енага	enaga

kindertijd (de)	болалик	bolalik
pop (de)	қўғирчоқ	qo'g'irchoq
speelgoed (het)	ўйинчоқ	o'yinchoq
bouwspeelgoed (het)	конструктор	konstruktor

welopgevoed (bn)	тарбияли	tarbiyali
onopgevoed (bn)	тарбиясиз	tarbiyasiz
verwend (bn)	ерка	erka

stout zijn (ww)	шўхлик қилмоқ	sho'xlik qilmoq
stout (bn)	шўх	sho'x
stoutheid (de)	шўхлик	sho'xlik
stouterd (de)	шумтака	shumtaka

| gehoorzaam (bn) | итоаткор | itoatkor |
| ongehoorzaam (bn) | итоациз | itoatsiz |

braaf (bn)	если	esli
slim (verstandig)	ақлли	aqlli
wonderkind (het)	вундеркинд	vunderkind

57. Gehuwde paren. Gezinsleven

kussen (een kus geven)	ўпмоқ	o'pmoq
elkaar kussen (ww)	ўпишмоқ	o'pishmoq
gezin (het)	оила	oila
gezins- (abn)	оилавий	oilaviy
paar (het)	ер-хотин	er-xotin
huwelijk (het)	никоҳ	nikoh

thuis (het)	ўз уйи	o'z uyi
dynastie (de)	сулола	sulola

date (de)	учрашув	uchrashuv
zoen (de)	ўпич	o'pich

liefde (de)	севги	sevgi
liefhebben (ww)	севмоқ	sevmoq
geliefde (bn)	севикли	sevikli

tederheid (de)	меҳрибонлик	mehribonlik
teder (bn)	мулойим	muloyim
trouw (de)	садоқат	sadoqat
trouw (bn)	садоқатли	sadoqatli
zorg (bijv. bejaarden~)	ғамхўрлик	g'amxo'rlik
zorgzaam (bn)	ғамхўр	g'amxo'r

jonggehuwden (mv.)	ёш келин-куёв	yosh kelin-kuyov
wittebroodsweken (mv.)	асал ойи	asal oyi
trouwen (vrouw)	турмушга чиқмоқ	turmushga chiqmoq
trouwen (man)	уйланмоқ	uylanmoq

bruiloft (de)	никоҳ тўйи	nikoh to'yi
gouden bruiloft (de)	олтин тўй	oltin to'y
verjaardag (de)	йиллик	yillik

minnaar (de)	жазман	jazman
minnares (de)	жазман	jazman

overspel (het)	хиёнат	xiyonat
overspel plegen (ww)	хиёнат қилмоқ	xiyonat qilmoq
jaloers (bn)	рашкчи	rashkchi
jaloers zijn (echtgenoot, enz.)	рашк қилмоқ	rashk qilmoq
echtscheiding (de)	ажралиш	ajralish
scheiden (ww)	ажралишмоқ	ajralishmoq

ruzie hebben (ww)	уришиб қолмоқ	urishib qolmoq
vrede sluiten (ww)	ярашмоқ	yarashmoq
samen (bw)	бирга	birga
seks (de)	секс	seks

geluk (het)	бахт	baxt
gelukkig (bn)	бахтли	baxtli
ongeluk (het)	бахцизлик	baxtsizlik
ongelukkig (bn)	бахциз	baxtsiz

Karakter. Gevoelens. Emoties

58. Gevoelens. Emoties

gevoel (het)	туйғу	tuyg'u
gevoelens (mv.)	туйғулар	tuyg'ular
voelen (ww)	ҳис қилмоқ	his qilmoq
honger (de)	очлик	ochlik
honger hebben (ww)	ейишни истамоқ	eyishni istamoq
dorst (de)	чанқов	chanqov
dorst hebben	чанқамоқ	chanqamoq
slaperigheid (de)	уйқучилик	uyquchilik
willen slapen	уйқуни истамоқ	uyquni istamoq
moeheid (de)	чарчоқ	charchoq
moe (bn)	чарчаган	charchagan
vermoeid raken (ww)	чарчамоқ	charchamoq
stemming (de)	кайфият	kayfiyat
verveling (de)	зерикиш	zerikish
zich vervelen (ww)	зерикмоқ	zerikmoq
afzondering (de)	ёлғизлик	yolg'izlik
zich afzonderen (ww)	ёлғиз бўлмоқ	yolg'iz bo'lmoq
bezorgd maken (ww)	хавотир қилмоқ	xavotir qilmoq
zich bezorgd maken	хавотирланмоқ	xavotirlanmoq
zorg (bijv. geld~en)	безовталик	bezovtalik
ongerustheid (de)	хавотирлик	xavotirlik
ongerust (bn)	ташвишланган	tashvishlangan
zenuwachtig zijn (ww)	асабийлашмоқ	asabiylashmoq
in paniek raken	ваҳимага тушмоқ	vahimaga tushmoq
hoop (de)	умид	umid
hopen (ww)	умид қилмоқ	umid qilmoq
zekerheid (de)	дадиллик	dadillik
zeker (bn)	дадил	dadil
onzekerheid (de)	дадилсизлик	dadilsizlik
onzeker (bn)	дадил емас	dadil emas
dronken (bn)	маст	mast
nuchter (bn)	хушёр	xushyor
zwak (bn)	заиф	zaif
gelukkig (bn)	бахтли, омадли	baxtli, omadli
doen schrikken (ww)	қўрқитмоқ	qo'rqitmoq
toorn (de)	қутуриш	quturish
woede (de)	қаттиқ ғазаб	qattiq g'azab
depressie (de)	руҳий сиқилиш	ruhiy siqilish
ongemak (het)	дискомфорт	diskomfort

gemak, comfort (het)	комфорт	komfort
spijt hebben (ww)	афсусланмоқ	afsuslanmoq
spijt (de)	афсус	afsus
pech (de)	омадсизлик	omadsizlik
bedroefdheid (de)	хафалик	xafalik

schaamte (de)	уят	uyat
pret (de), plezier (het)	ўйин-кулги	o'yin-kulgi
enthousiasme (het)	ташаббус	tashabbus
enthousiasteling (de)	ташаббускор	tashabbuskor
enthousiasme vertonen	ташаббус кўрсатмоқ	tashabbus ko'rsatmoq

59. Karakter. Persoonlijkheid

karakter (het)	феъл-атвор	fe'l-atvor
karakterfout (de)	нуқсон	nuqson
verstand (het)	ақл	aql
rede (de)	идрок	idrok

geweten (het)	виждон	vijdon
gewoonte (de)	одат	odat
bekwaamheid (de)	қобилият	qobiliyat
kunnen (bijv., ~ zwemmen)	уддаламоқ	uddalamoq

geduldig (bn)	сабрли	sabrli
ongeduldig (bn)	сабрсиз	sabrsiz
nieuwsgierig (bn)	қизиқувчан	qiziquvchan
nieuwsgierigheid (de)	қизиқувчанлик	qiziquvchanlik

bescheidenheid (de)	камтарлик	kamtarlik
bescheiden (bn)	камтар	kamtar
onbescheiden (bn)	мақтанчоқ	maqtanchoq

lui (bn)	дангаса	dangasa
luiwammes (de)	дангаса	dangasa

sluwheid (de)	айёрлик	ayyorlik
sluw (bn)	айёр	ayyor
wantrouwen (het)	ишонмаслик	ishonmaslik
wantrouwig (bn)	ишонмайдиган	ishonmaydigan

gulheid (de)	сахийлик	saxiylik
gul (bn)	сахий	saxiy
talentrijk (bn)	истеъдодли	iste'dodli
talent (het)	истеъдод	iste'dod

moedig (bn)	жасур	jasur
moed (de)	жасурлик	jasurlik
eerlijk (bn)	ростгўй	rostgo'y
eerlijkheid (de)	ростгўйлик	rostgo'ylik

voorzichtig (bn)	эҳтиёткор	ehtiyotkor
manhaftig (bn)	довюрак	dovyurak
ernstig (bn)	жиддий	jiddiy

streng (bn)	қаттиққўл	qattiqqo'l
resoluut (bn)	дадил	dadil
onzeker, irresoluut (bn)	қатъияциз	qat'iyatsiz
schuchter (bn)	тортинчоқ	tortinchoq
schuchterheid (de)	тортинчоқлик	tortinchoqlik

vertrouwen (het)	ишонч	ishonch
vertrouwen (ww)	ишонмоқ	ishonmoq
goedgelovig (bn)	ишонувчан	ishonuvchan

oprecht (bw)	самимият билан	samimiyat bilan
oprecht (bn)	самимий	samimiy
oprechtheid (de)	самимият	samimiyat
open (bn)	самимий	samimiy

rustig (bn)	ювош	yuvosh
openhartig (bn)	очиқ	ochiq
naïef (bn)	содда	sodda
verstrooid (bn)	паришонхотир	parishonxotir
leuk, grappig (bn)	кулгили	kulgili

gierigheid (de)	очкўзлик	ochko'zlik
gierig (bn)	очкўз	ochko'z
inhalig (bn)	хасис	xasis
kwaad (bn)	ёвуз	yovuz
koppig (bn)	қайсар	qaysar
onaangenaam (bn)	ёқимсиз	yoqimsiz

egoïst (de)	худбин	xudbin
egoïstisch (bn)	худбинлик	xudbinlik
lafaard (de)	қўрқоқ	qo'rqoq
laf (bn)	қўрқоқ	qo'rqoq

60. Slaap. Dromen

slapen (ww)	ухламоқ	uxlamoq
slaap (in ~ vallen)	уйқу	uyqu
droom (de)	туш	tush
dromen (in de slaap)	туш кўрмоқ	tush ko'rmoq
slaperig (bn)	уйқусираган	uyqusiragan

bed (het)	каравот	karavot
matras (de)	тўшак	to'shak
deken (de)	адёл	adyol
kussen (het)	ёстиқ	yostiq
laken (het)	чойшаб	choyshab

slapeloosheid (de)	уйқусизлик	uyqusizlik
slapeloos (bn)	уйқусиз	uyqusiz
slaapmiddel (het)	уйқу дори	uyqu dori
slaapmiddel innemen	уйқу дори ичмоқ	uyqu dori ichmoq

| willen slapen | уйқуни истамоқ | uyquni istamoq |
| geeuwen (ww) | еснамоқ | esnamoq |

gaan slapen	ухлашга кетмоқ	uxlashga ketmoq
het bed opmaken	кўрпа-ёстиқни тўшамоқ	ko'rpa-yostiqni to'shamoq
inslapen (ww)	уйқуга кетмоқ	uyquga ketmoq
nachtmerrie (de)	босинқираш	bosinqirash
gesnurk (het)	хуррак	xurrak
snurken (ww)	хуррак отмоқ	xurrak otmoq
wekker (de)	будилник	budilnik
wekken (ww)	уйғотмоқ	uyg'otmoq
wakker worden (ww)	уйғонмоқ	uyg'onmoq
opstaan (ww)	тўшакдан турмоқ	to'shakdan turmoq
zich wassen (ww)	ювинмоқ	yuvinmoq

61. Humor. Gelach. Blijdschap

humor (de)	юмор	yumor
gevoel (het) voor humor	юмор туйғуси	yumor tuyg'usi
plezier hebben (ww)	қувнамоқ	quvnamoq
vrolijk (bn)	қувноқ	quvnoq
pret (de), plezier (het)	қувноқлик	quvnoqlik
glimlach (de)	табассум	tabassum
glimlachen (ww)	жилмаймоқ	jilmaymoq
beginnen te lachen (ww)	кулиб юбормоқ	kulib yubormoq
lachen (ww)	кулмоқ	kulmoq
lach (de)	кулги	kulgi
mop (de)	латифа	latifa
grappig (een ~ verhaal)	кулгили	kulgili
grappig (~e clown)	кулгили	kulgili
grappen maken (ww)	ҳазиллашмоқ	hazillashmoq
grap (de)	ҳазил	hazil
blijheid (de)	қувонч	quvonch
blij zijn (ww)	қувонмоқ	quvonmoq
blij (bn)	қувончли	quvonchli

62. Discussie, conversatie. Deel 1

communicatie (de)	мулоқот	muloqot
communiceren (ww)	мулоқотда бўлмоқ	muloqotda bo'lmoq
conversatie (de)	суҳбат	suhbat
dialoog (de)	диалог	dialog
discussie (de)	мунозара	munozara
debat (het)	баҳс	bahs
debatteren, twisten (ww)	баҳслашмоқ	bahslashmoq
gesprekspartner (de)	ҳамсуҳбат	hamsuhbat
thema (het)	мавзу	mavzu
standpunt (het)	нуқтаи назар	nuqtai nazar

mening (de)	фикр	fikr
toespraak (de)	нутқ	nutq

bespreking (de)	муҳокама	muhokama
bespreken (spreken over)	муҳокама қилмоқ	muhokama qilmoq
gesprek (het)	суҳбат	suhbat
spreken (converseren)	суҳбатлашмоқ	suhbatlashmoq
ontmoeting (de)	учрашув	uchrashuv
ontmoeten (ww)	учрашмоқ	uchrashmoq

spreekwoord (het)	мақол	maqol
gezegde (het)	матал	matal
raadsel (het)	топишмоқ	topishmoq
een raadsel opgeven	топишмоқ айтмоқ	topishmoq aytmoq
wachtwoord (het)	парол	parol
geheim (het)	сир	sir

eed (de)	қасам	qasam
zweren (een eed doen)	қасам ичмоқ	qasam ichmoq
belofte (de)	ваъда	va'da
beloven (ww)	ваъда бермоқ	va'da bermoq

advies (het)	маслаҳат	maslahat
adviseren (ww)	маслаҳат бермоқ	maslahat bermoq
luisteren (gehoorzamen)	қулоқ солмоқ	quloq solmoq

nieuws (het)	янгилик	yangilik
sensatie (de)	шов-шув	shov-shuv
informatie (de)	маълумот	ma'lumot
conclusie (de)	хулоса	xulosa
stem (de)	товуш	tovush
compliment (het)	хушомад	xushomad
vriendelijk (bn)	илтифот	iltifot

woord (het)	сўз	so'z
zin (de), zinsdeel (het)	жумла	jumla
antwoord (het)	жавоб	javob

waarheid (de)	ҳақиқат	haqiqat
leugen (de)	ёлғон	yolg'on

gedachte (de)	тафаккур	tafakkur
idee (de/het)	фикр	fikr
fantasie (de)	хомхаёл	xomxayol

63. Discussie, conversatie. Deel 2

gerespecteerd (bn)	ҳурматли	hurmatli
respecteren (ww)	ҳурмат қилмоқ	hurmat qilmoq
respect (het)	ҳурмат	hurmat
Geachte ... (brief)	Муҳтарам ...	Muhtaram ...

voorstellen (Mag ik jullie ~)	таништирмоқ	tanishtirmoq
intentie (de)	ният	niyat

intentie hebben (ww)	ният қилмоқ	niyat qilmoq
wens (de)	тилак	tilak
wensen (ww)	тиламоқ	tilamoq

verbazing (de)	ажабланиш	ajablanish
verbazen (verwonderen)	ажаблантирмоқ	ajablantirmoq
verbaasd zijn (ww)	ажабланмоқ	ajablanmoq

geven (ww)	бермоқ	bermoq
nemen (ww)	олмоқ	olmoq
teruggeven (ww)	қайтариб бермоқ	qaytarib bermoq
retourneren (ww)	қайтариб бермоқ	qaytarib bermoq

zich verontschuldigen	кечирим сўрамоқ	kechirim so'ramoq
verontschuldiging (de)	узр	uzr
vergeven (ww)	кечирмоқ	kechirmoq

spreken (ww)	гаплашмоқ	gaplashmoq
luisteren (ww)	ешитмоқ	eshitmoq
aanhoren (ww)	тингламоқ	tinglamoq
begrijpen (ww)	тушунмоқ	tushunmoq

tonen (ww)	кўрсатмоқ	ko'rsatmoq
kijken naar ...	... га қарамоқ	... ga qaramoq
roepen (vragen te komen)	чақирмоқ	chaqirmoq
storen (lastigvallen)	халақит бермоқ	xalaqit bermoq
doorgeven (ww)	бериб қўймоқ	berib qo'ymoq

verzoek (het)	илтимос	iltimos
verzoeken (ww)	сўрамоқ	so'ramoq
eis (de)	талаб	talab
eisen (met klem vragen)	талаб қилмоқ	talab qilmoq

beledigen (beledigende namen geven)	тегажаклик қилмоқ	tegajaklik qilmoq
uitlachen (ww)	масхара қилмоқ	masxara qilmoq
spot (de)	масхара қилиш	masxara qilish
bijnaam (de)	лақаб	laqab

zinspeling (de)	ишора	ishora
zinspelen (ww)	ишора қилмоқ	ishora qilmoq
impliceren (duiden op)	назарда тутмоқ	nazarda tutmoq

beschrijving (de)	таъриф	ta'rif
beschrijven (ww)	таърифламоқ	ta'riflamoq
lof (de)	мақтов	maqtov
loven (ww)	мақтамоқ	maqtamoq

teleurstelling (de)	кўнгил қолиш	ko'ngil qolish
teleurstellen (ww)	кўнгилни қолдирмоқ	ko'ngilni qoldirmoq
teleurgesteld zijn (ww)	кўнгил қолиши	ko'ngil qolishi

veronderstelling (de)	фараз	faraz
veronderstellen (ww)	фараз қилмоқ	faraz qilmoq
waarschuwing (de)	огоҳлантириш	ogohlantirish
waarschuwen (ww)	огоҳлантирмоқ	ogohlantirmoq

64. Discussie, conversatie. Deel 3

aanpraten (ww)	кўндирмоқ	ko'ndirmoq
kalmeren (kalm maken)	тинчлантирмоқ	tinchlantirmoq
stilte (de)	сукут сақлаш	sukut saqlash
zwijgen (ww)	индамай турмоқ	indamay turmoq
fluisteren (ww)	пичирламоқ	pichirlamoq
gefluister (het)	пичирлаш	pichirlash
open, eerlijk (bw)	очиқчасига	ochiqchasiga
volgens mij ...	менинг фикримча ...	mening fikrimcha ...
detail (het)	батафсиллик	batafsillik
gedetailleerd (bn)	батафсил	batafsil
gedetailleerd (bw)	батафсил	batafsil
hint (de)	ишора	ishora
een hint geven	ишора қилмоқ	ishora qilmoq
blik (de)	нигоҳ	nigoh
een kijkje nemen	қараб қўймоқ	qarab qo'ymoq
strak (een ~ke blik)	қотиб қолган	qotib qolgan
knipperen (ww)	кўз учирмоқ	ko'z uchirmoq
knipogen (ww)	кўз қисмоқ	ko'z qismoq
knikken (ww)	бош силкимоқ	bosh silkimoq
zucht (de)	хўрсиниш	xo'rsinish
zuchten (ww)	хўрсинмоқ	xo'rsinmoq
huiveren (ww)	сесканмоқ	seskanmoq
gebaar (het)	имо-ишора	imo-ishora
aanraken (ww)	тегиб кетмоқ	tegib ketmoq
grijpen (ww)	ушламоқ	ushlamoq
een schouderklopje geven	қоқмоқ	qoqmoq
Kijk uit!	Эҳтиёт бўлинг!	Ehtiyot bo'ling!
Echt?	Наҳотки?	Nahotki?
Bent je er zeker van?	Ишончинг комилми?	Ishonching komilmi?
Succes!	Омад ёр бўлсин!	Omad yor bo'lsin!
Juist, ja!	Тушунарли!	Tushunarli!
Wat jammer!	Афсус!	Afsus!

65. Overeenstemming. Weigering

instemming (het)	розилик	rozilik
instemmen (akkoord gaan)	рози бўлмоқ	rozi bo'lmoq
goedkeuring (de)	маъқуллаш	ma'qullash
goedkeuren (ww)	маъқулламоқ	ma'qullamoq
weigering (de)	рад қилиш	rad qilish
weigeren (ww)	рад қилмоқ	rad qilmoq
Geweldig!	Аъло!	A'lo!
Goed!	Яхши!	Yaxshi!

Akkoord!	Майли!	Mayli!
verboden (bn)	тақиқланган	taqiqlangan
het is verboden	ман етилган	man etilgan
het is onmogelijk	имкони йўқ	imkoni yo'q
onjuist (bn)	янглиш	yanglish

afwijzen (ww)	рад этмоқ	rad etmoq
steunen	қувватламоқ	quvvatlamoq
(een goed doel, enz.)		
aanvaarden (excuses ~)	қабул қилмоқ	qabul qilmoq

bevestigen (ww)	тасдиқламоқ	tasdiqlamoq
bevestiging (de)	тасдиқ	tasdiq

toestemming (de)	ижозат	ijozat
toestaan (ww)	рухсат бермоқ	ruxsat bermoq
beslissing (de)	қарор	qaror
z'n mond houden (ww)	индамай турмоқ	indamay turmoq

voorwaarde (de)	шарт	shart
smoes (de)	баҳона	bahona
lof (de)	мақтов	maqtov
loven (ww)	мақтамоқ	maqtamoq

66. Succes. Veel geluk. Mislukking

succes (het)	муваффақият	muvaffaqiyat
succesvol (bw)	муваффақиятли	muvaffaqiyatli
succesvol (bn)	муваффақиятли	muvaffaqiyatli

geluk (het)	ютуқ	yutuq
Succes!	Омад ёр бўлсин!	Omad yor bo'lsin!

geluks- (bn)	омадли	omadli
gelukkig (fortuinlijk)	омадли	omadli

mislukking (de)	муваффақияцизлик	muvaffaqiyatsizlik
tegenslag (de)	омадсизлик	omadsizlik
pech (de)	омадсизлик	omadsizlik

zonder succes (bn)	омадсиз	omadsiz
catastrofe (de)	ҳалокат	halokat

fierheid (de)	ғурур	g'urur
fier (bn)	ғурурли	g'ururli
fier zijn (ww)	ғурурланмоқ	g'ururlanmoq

winnaar (de)	ғолиб	g'olib
winnen (ww)	ғолиб бўлмоқ	g'olib bo'lmoq

verliezen (ww)	ютқизмоқ	yutqizmoq
poging (de)	уриниш	urinish
pogen, proberen (ww)	уринмоқ	urinmoq
kans (de)	имконият	imkoniyat

67. Ruzies. Negatieve emoties

schreeuw (de)	бақириқ	baqiriq
schreeuwen (ww)	бақирмоқ	baqirmoq
beginnen te schreeuwen	бақириб юбормоқ	baqirib yubormoq
ruzie (de)	жанжал	janjal
ruzie hebben (ww)	уришиб қолмоқ	urishib qolmoq
schandaal (het)	жанжал	janjal
schandaal maken (ww)	жанжаллашмоқ	janjallashmoq
conflict (het)	низо	nizo
misverstand (het)	келишмовчилик	kelishmovchilik
belediging (de)	ҳақорат	haqorat
beledigen	ҳақоратламоқ	haqoratlamoq
(met scheldwoorden)		
beledigd (bn)	ҳақоратланган	haqoratlangan
krenking (de)	ранж-алам	ranj-alam
krenken (beledigen)	ранжитмоқ	ranjitmoq
gekwetst worden (ww)	ранжимоқ	ranjimoq
verontwaardiging (de)	норозилик	norozilik
verontwaardigd zijn (ww)	ғазабланмоқ	g'azablanmoq
klacht (de)	шикоят	shikoyat
klagen (ww)	шикоят қилмоқ	shikoyat qilmoq
verontschuldiging (de)	узр	uzr
zich verontschuldigen	узр сўрамоқ	uzr so'ramoq
excuus vragen	кечирим сўрамоқ	kechirim so'ramoq
kritiek (de)	танқид	tanqid
bekritiseren (ww)	танқид қилмоқ	tanqid qilmoq
beschuldiging (de)	айблов	ayblov
beschuldigen (ww)	айбламоқ	ayblamoq
wraak (de)	қасос	qasos
wreken (ww)	қасос олмоқ	qasos olmoq
wraak nemen (ww)	аламини олмоқ	alamini olmoq
minachting (de)	жирканиш	jirkanish
minachten (ww)	жирканмоқ	jirkanmoq
haat (de)	нафрат	nafrat
haten (ww)	нафратланмоқ	nafratlanmoq
zenuwachtig (bn)	асабий	asabiy
zenuwachtig zijn (ww)	асабийлашмоқ	asabiylashmoq
boos (bn)	баджаҳл	badjahl
boos maken (ww)	жаҳлини чиқармоқ	jahlini chiqarmoq
vernedering (de)	таҳқирланиш	tahqirlanish
vernederen (ww)	таҳқирламоқ	tahqirlamoq
zich vernederen (ww)	ўзини хўрламоқ	o'zini xo'rlamoq
schok (de)	руҳий таъсирланмоқ	ruhiy ta'sirlanmoq
schokken (ww)	хижолатда қолдирмоқ	xijolatda qoldirmoq

| onaangenaamheid (de) | кўнгилсизлик | ko'ngilsizlik |
| onaangenaam (bn) | кўнгилсиз | ko'ngilsiz |

vrees (de)	қўрқув	qo'rquv
vreselijk (bijv. ~ onweer)	қаттиқ	qattiq
eng (bn)	қўрқинчли	qo'rqinchli
gruwel (de)	даҳшат	dahshat
vreselijk (~ nieuws)	даҳшатли	dahshatli

beginnen te beven	титрамоқ	titramoq
huilen (wenen)	йиғламоқ	yig'lamoq
beginnen te huilen (wenen)	йиғлаб юбормоқ	yig'lab yubormoq
traan (de)	кўз томчиси	ko'z tomchisi

schuld (~ geven aan)	гуноҳ	gunoh
schuldgevoel (het)	айб	ayb
schande (de)	иснод	isnod
protest (het)	қатъий норозилик	qat'iy norozilik
stress (de)	қаттиқ ҳаяжон	qattiq hayajon

storen (lastigvallen)	безовта қилмоқ	bezovta qilmoq
kwaad zijn (ww)	аччиқланмоқ	achchiqlanmoq
kwaad (bn)	жаҳлдор	jahldor
beëindigen (een relatie ~)	тўхтатмоқ	to'xtatmoq
vloeken (ww)	урушмоқ	urushmoq

schrikken (schrik krijgen)	чўчимоқ	cho'chimoq
slaan (iemand ~)	урмоқ	urmoq
vechten (ww)	муштлашмоқ	mushtlashmoq

regelen (conflict)	келиштирмоқ	kelishtirmoq
ontevreden (bn)	норози	norozi
woedend (bn)	ғазабли	g'azabli

| Dat is niet goed! | Бу яхши емас! | Bu yaxshi emas! |
| Dat is slecht! | Бу ёмон! | Bu yomon! |

Geneeskunde

68. Ziekten

ziekte (de)	касаллик	kasallik
ziek zijn (ww)	касал бўлмоқ	kasal bo'lmoq
gezondheid (de)	саломатлик	salomatlik
snotneus (de)	тумов	tumov
angina (de)	ангина	angina
verkoudheid (de)	шамоллаш	shamollash
verkouden raken (ww)	шамолламоқ	shamollamoq
bronchitis (de)	бронхит	bronxit
longontsteking (de)	ўпка яллигланиши	o'pka yalliglanishi
griep (de)	грипп	gripp
bijziend (bn)	узоқни кўролмайдиган	uzoqni ko'rolmaydigan
verziend (bn)	узоқни кўрувчи	uzoqni ko'ruvchi
scheelheid (de)	ғилайлик	g'ilaylik
scheel (bn)	ғилай	g'ilay
grauwe staar (de)	катаракта	katarakta
glaucoom (het)	глаукома	glaukoma
beroerte (de)	инсулт	insult
hartinfarct (het)	инфаркт	infarkt
myocardiaal infarct (het)	миоакард инфаркти	mioakard infarkti
verlamming (de)	фалажлик	falajlik
verlammen (ww)	фалажламоқ	falajlamoq
allergie (de)	аллергия	allergiya
astma (de/het)	астма	astma
diabetes (de)	диабет	diabet
tandpijn (de)	тиш оғриғи	tish og'rig'i
tandbederf (het)	кариес	karies
diarree (de)	диарея	diareya
constipatie (de)	қабзият	qabziyat
maagstoornis (de)	меъда бузилиши	me'da buzilishi
voedselvergiftiging (de)	заҳарланиш	zaharlanish
voedselvergiftiging oplopen	заҳарланмоқ	zaharlanmoq
artritis (de)	артрит	artrit
rachitis (de)	рахит	raxit
reuma (het)	бод	bod
arteriosclerose (de)	атеросклероз	ateroskleroz
gastritis (de)	гастрит	gastrit
blindedarmontsteking (de)	аппендецин	appendetsin

| galblaasontsteking (de) | холецистит | xoletsistit |
| zweer (de) | ошқозон яраси | oshqozon yarasi |

mazelen (mv.)	қизамиқ	qizamiq
rodehond (de)	қизилча	qizilcha
geelzucht (de)	сариқ касали	sariq kasali
leverontsteking (de)	гепатит	gepatit

schizofrenie (de)	шизофрения	shizofreniya
dolheid (de)	қутуриш	quturish
neurose (de)	невроз	nevroz
hersenschudding (de)	миянинг чайқалиши	miyaning chayqalishi

kanker (de)	саратон	saraton
sclerose (de)	склероз	skleroz
multiple sclerose (de)	паришонхотир склероз	parishonxotir skleroz

alcoholisme (het)	алкоголизм	alkogolizm
alcoholicus (de)	алкоголик	alkogolik
syfilis (de)	сифилис	sifilis
AIDS (de)	ОИТС	OITS

tumor (de)	ўсма	o'sma
koorts (de)	иситмали қалтироқ	isitmali qaltiroq
malaria (de)	безгак	bezgak
gangreen (het)	қорасон	qorason
zeeziekte (de)	денгиз касали	dengiz kasali
epilepsie (de)	тутқаноқ	tutqanoq

epidemie (de)	епидемия	epidemiya
tyfus (de)	терлама	terlama
tuberculose (de)	сил	sil
cholera (de)	вабо	vabo
pest (de)	ўлат	o'lat

69. Symptomen. Behandelingen. Deel 1

symptoom (het)	симптом	simptom
temperatuur (de)	ҳарорат	harorat
verhoogde temperatuur (de)	юқори ҳарорат	yuqori harorat
polsslag (de)	пулс	puls

duizeling (de)	бош айланиши	bosh aylanishi
heet (erg warm)	иссиқ	issiq
koude rillingen (mv.)	қалтироқ	qaltiroq
bleek (bn)	рангпар	rangpar

hoest (de)	йўтал	yo'tal
hoesten (ww)	йўталмоқ	yo'talmoq
niezen (ww)	аксирмоқ	aksirmoq
flauwte (de)	беҳушлик	behushlik
flauwvallen (ww)	ҳушидан кетиб қолмоқ	hushidan ketib qolmoq
blauwe plek (de)	мўматалоқ	mo'mataloq
buil (de)	ғурра	g'urra

zich stoten (ww)	урилмоқ	urilmoq
kneuzing (de)	урилган жой	urilgan joy
kneuzen (gekneusd zijn)	уриб олмоқ	urib olmoq

hinken (ww)	чўлоқланиш	cho'loqlanish
verstuiking (de)	чиқиқ	chiqiq
verstuiken (enkel, enz.)	чиқармоқ	chiqarmoq
breuk (de)	синдириш	sindirish
een breuk oplopen	синдириб олмоқ	sindirib olmoq

snijwond (de)	кесилган жой	kesilgan joy
zich snijden (ww)	кесиб олиш	kesib olish
bloeding (de)	қон кетиш	qon ketish

brandwond (de)	куйиш	kuyish
zich branden (ww)	куймоқ	kuymoq

prikken (ww)	санчмоқ	sanchmoq
zich prikken (ww)	санчиб олмоқ	sanchib olmoq
blesseren (ww)	яраламоқ	yaralamoq
blessure (letsel)	жароҳат	jarohat
wond (de)	яра	yara
trauma (het)	жароҳатланиш	jarohatlanish

IJlen (ww)	алаҳламоқ	alahlamoq
stotteren (ww)	дудуқланмоқ	duduqlanmoq
zonnesteek (de)	қуёш уриши	quyosh urishi

70. Symptomen. Behandelingen. Deel 2

pijn (de)	оғриқ	og'riq
splinter (de)	зирапча	zirapcha

zweet (het)	тер	ter
zweten (ww)	терламоқ	terlamoq
braking (de)	қайт қилиш	qayt qilish
stuiptrekkingen (mv.)	томир тортишиш	tomir tortishish

zwanger (bn)	ҳомиладор	homilador
geboren worden (ww)	туғилмоқ	tug'ilmoq
geboorte (de)	туғиш	tug'ish
baren (ww)	туғмоқ	tug'moq
abortus (de)	аборт	abort

ademhaling (de)	нафас	nafas
inademing (de)	нафас олиш	nafas olish
uitademing (de)	нафас чиқариш	nafas chiqarish
uitademen (ww)	нафас чиқармоқ	nafas chiqarmoq
inademen (ww)	нафас олмоқ	nafas olmoq

invalide (de)	ногирон	nogiron
gehandicapte (de)	мажруҳ	majruh
drugsverslaafde (de)	гиёҳванд	giyohvand
doof (bn)	кар	kar

| stom (bn) | соқов | soqov |
| doofstom (bn) | кар-соқов | kar-soqov |

krankzinnig (bn)	жинни	jinni
krankzinnige (man)	жинни еркак	jinni erkak
krankzinnige (vrouw)	жинни аёл	jinni ayol
krankzinnig worden	ақлдан озиш	aqldan ozish

gen (het)	ген	gen
immuniteit (de)	иммунитет	immunitet
erfelijk (bn)	ирсий	irsiy
aangeboren (bn)	туғма	tug'ma

virus (het)	вирус	virus
microbe (de)	микроб	mikrob
bacterie (de)	бактерия	bakteriya
infectie (de)	инфекция	infektsiya

71. Symptomen. Behandelingen. Deel 3

| ziekenhuis (het) | касалхона | kasalxona |
| patiënt (de) | даволанувчи | davolanuvchi |

diagnose (de)	ташхис	tashxis
genezing (de)	даволаниш	davolanish
medische behandeling (de)	даволаш	davolash
onder behandeling zijn	даволанмоқ	davolanmoq
behandelen (ww)	даволамоқ	davolamoq
zorgen (zieken ~)	қарамоқ	qaramoq
ziekenzorg (de)	муолажа	muolaja

operatie (de)	операция	operatsiya
verbinden (een arm ~)	ярани боғламоқ	yarani bog'lamoq
verband (het)	ярани боғлаш	yarani bog'lash

vaccin (het)	емлаш	emlash
inenten (vaccineren)	емламоқ	emlamoq
injectie (de)	укол	ukol
een injectie geven	укол қилмоқ	ukol qilmoq

amputatie (de)	кесиб ташлаш	kesib tashlash
amputeren (ww)	кесиб ташламоқ	kesib tashlamoq
coma (het)	кома	koma
in coma liggen	кома ҳолатида бўлмоқ	koma holatida bo'lmoq
intensieve zorg, ICU (de)	реанимация	reanimatsiya

zich herstellen (ww)	соғайиш	sog'ayish
toestand (de)	аҳвол	ahvol
bewustzijn (het)	ҳуш	hush
geheugen (het)	хотира	xotira

trekken (een kies ~)	суғурмоқ	sug'urmoq
vulling (de)	пломба	plomba
vullen (ww)	пломбаламоқ	plombalamoq

hypnose (de)   гипноз   gipnoz
hypnotiseren (ww)   гипноз қилмоқ   gipnoz qilmoq

72. Artsen

dokter, arts (de)   шифокор   shifokor
ziekenzuster (de)   тиббий ҳамшира   tibbiy hamshira
lijfarts (de)   шахсий шифокор   shaxsiy shifokor

tandarts (de)   тиш шифокори   tish shifokori
oogarts (de)   кўз шифокори   ko'z shifokori
therapeut (de)   терапевт   terapevt
chirurg (de)   жарроҳ   jarroh

psychiater (de)   психиатр   psixiatr
pediater (de)   педиатр   pediatr
psycholoog (de)   психолог   psixolog
gynaecoloog (de)   гинеколог   ginekolog
cardioloog (de)   кардиолог   kardiolog

73. Geneeskunde. Medicijnen. Accessoires

geneesmiddel (het)   дори-дармон   dori-darmon
middel (het)   даволаш воситалари   davolash vositalari
voorschrijven (ww)   ёзиб бермоқ   yozib bermoq
recept (het)   рецепт   retsept

tablet (de/het)   таблетка дори   tabletka dori
zalf (de)   малҳам дори   malham dori
ampul (de)   ампула   ampula
drank (de)   суюқ дори   suyuq dori
siroop (de)   қиём   qiyom
pil (de)   ҳапдори   hapdori
poeder (de/het)   кукун дори   kukun dori

verband (het)   бинт   bint
watten (mv.)   пахта   paxta
jodium (het)   ёд   yod

pleister (de)   пластир   plastir
pipet (de)   доритомизгич   doritomizgich
thermometer (de)   тиббий термометр   tibbiy termometr
spuit (de)   шприц   shprits

rolstoel (de)   аравача   aravacha
krukken (mv.)   қўлтиқтаёқ   qo'ltiqtayoq

pijnstiller (de)   оғриқсизлантирувчи   og'riqsizlantiruvchi
laxeermiddel (het)   сурги дори   surgi dori
spiritus (de)   спирт   spirt
medicinale kruiden (mv.) доривор ўт   dorivor o't
kruiden- (abn)   ўтли   o'tli

74. Roken. Tabaksproducten

tabak (de)	тамаки	tamaki
sigaret (de)	сигарета	sigareta
sigaar (de)	сигара	sigara
pijp (de)	трубка	trubka
pakje (~ sigaretten)	қути	quti

lucifers (mv.)	гугурт	gugurt
luciferdoosje (het)	гугурт қутиси	gugurt qutisi
aansteker (de)	зажигалка	zajigalka
asbak (de)	кулдон	kuldon
sigarettendoosje (het)	порцигар	portsigar

sigarettenpijpje (het)	мундштук	mundshtuk
filter (de/het)	филтр	filtr

roken (ww)	чекмоқ	chekmoq
een sigaret opsteken	чека бошламоқ	cheka boshlamoq
roken (het)	чекиш	chekish
roker (de)	кашанда одам	kashanda odam

peuk (de)	чекиб ташланган сигарета	chekib tashlangan sigareta
rook (de)	тутун	tutun
as (de)	кул	kul

HET MENSELIJKE LEEFGEBIED

Stad

75. Stad. Het leven in de stad

stad (de)	шаҳар	shahar
hoofdstad (de)	пойтахт	poytaxt
dorp (het)	қишлоқ	qishloq

plattegrond (de)	шаҳар чизмаси	shahar chizmasi
centrum (ov. een stad)	шаҳар маркази	shahar markazi
voorstad (de)	шаҳарга туташ ҳудуд	shaharga tutash hudud
voorstads- (abn)	шаҳар атрофидаги	shahar atrofidagi

randgemeente (de)	чекка	chekka
omgeving (de)	теварак атрофдаги ҳудудлар	tevarak atrofdagi hududlar
blok (huizenblok)	даҳа	daha
woonwijk (de)	турар-жой даҳаси	turar-joy dahasi

verkeer (het)	ҳаракат	harakat
verkeerslicht (het)	светофор	svetofor
openbaar vervoer (het)	шаҳар транспорти	shahar transporti
kruispunt (het)	чорраҳа	chorraha

zebrapad (oversteekplaats)	ўтиш йўли	o'tish yo'li
onderdoorgang (de)	ер ости ўтиш йўли	er osti o'tish yo'li
oversteken (de straat ~)	ўтиш	o'tish
voetganger (de)	йўловчи	yo'lovchi
trottoir (het)	йўлка	yo'lka

brug (de)	кўприк	ko'prik
dijk (de)	сув бўйидаги кўча	suv bo'yidagi ko'cha

allee (de)	хиёбон	xiyobon
park (het)	боғ	bog'
boulevard (de)	булвар	bulvar
plein (het)	майдон	maydon
laan (de)	шоҳ кўча	shoh ko'cha
straat (de)	кўча	ko'cha
zijstraat (de)	тор кўча	tor ko'cha
doodlopende straat (de)	боши берк кўча	boshi berk ko'cha

huis (het)	уй	uy
gebouw (het)	бино	bino
wolkenkrabber (de)	осмонўпар бино	osmono'par bino
gevel (de)	фасад	fasad
dak (het)	том	tom

venster (het)	дераза	deraza
boog (de)	равоқ	ravoq
pilaar (de)	устун	ustun
hoek (ov. een gebouw)	бурчак	burchak

vitrine (de)	витрина	vitrina
gevelreclame (de)	вивеска	viveska
affiche (de/het)	афиша	afisha
reclameposter (de)	реклама плакати	reklama plakati
aanplakbord (het)	реклама шчити	reklama shchiti

vuilnis (de/het)	ахлат	axlat
vuilnisbak (de)	ахлатдон	axlatdon
afval weggooien (ww)	ифлос қилмоқ	iflos qilmoq
stortplaats (de)	ахлатхона	axlatxona

telefooncel (de)	телефон будкаси	telefon budkasi
straatlicht (het)	фонар осиладиган столба	fonar osiladigan stolba
bank (de)	скамейка	skameyka

politieagent (de)	полициячи	politsiyachi
politie (de)	полиция	politsiya
zwerver (de)	гадой	gadoy
dakloze (de)	бошпанасиз	boshpanasiz

76. Stedelijke instellingen

winkel (de)	дўкон	do'kon
apotheek (de)	дорихона	dorixona
optiek (de)	оптика	optika
winkelcentrum (het)	савдо маркази	savdo markazi
supermarkt (de)	супермаркет	supermarket

bakkerij (de)	нон дўкони	non do'koni
bakker (de)	новвой	novvoy
banketbakkerij (de)	қандолат дўкони	qandolat do'koni
kruidenier (de)	баққоллик	baqqollik
slagerij (de)	гўшт дўкони	go'sht do'koni

groentewinkel (de)	сабзавот дўкони	sabzavot do'koni
markt (de)	бозор	bozor

koffiehuis (het)	кафе	kafe
restaurant (het)	ресторан	restoran
bar (de)	пивохона	pivoxona
pizzeria (de)	пиццерия	pitstseriya

kapperssalon (de/het)	сартарошхона	sartaroshxona
postkantoor (het)	почта	pochta
stomerij (de)	химчистка	ximchistka
fotostudio (de)	фотоателе	fotoatele

schoenwinkel (de)	пояфзал дўкони	poyafzal do'koni
boekhandel (de)	китоб дўкони	kitob do'koni

sportwinkel (de)	спорт анжомлари дўкони	sport anjomlari do'koni
kledingreparatie (de)	кийим таъмири	kiyim ta'miri
kledingverhuur (de)	кийимни ижарага бериш	kiyimni ijaraga berish
videotheek (de)	филмларни ижарага бериш	filmlarni ijaraga berish
circus (de/het)	сирк	sirk
dierentuin (de)	ҳайвонот боғи	hayvonot bog'i
bioscoop (de)	кинотеатр	kinoteatr
museum (het)	музей	muzey
bibliotheek (de)	кутубхона	kutubxona
theater (het)	театр	teatr
opera (de)	опера	opera
nachtclub (de)	тунги клуб	tungi klub
casino (het)	казино	kazino
moskee (de)	мачит	machit
synagoge (de)	синагога	sinagoga
kathedraal (de)	бош черков	bosh cherkov
tempel (de)	ибодатхона	ibodatxona
kerk (de)	черков	cherkov
instituut (het)	институт	institut
universiteit (de)	университет	universitet
school (de)	мактаб	maktab
gemeentehuis (het)	префектура	prefektura
stadhuis (het)	мерия	meriya
hotel (het)	меҳмонхона	mehmonxona
bank (de)	банк	bank
ambassade (de)	елчихона	elchixona
reisbureau (het)	сайёҳлик агентлиги	sayyohlik agentligi
informatieloket (het)	маълумотхона	ma'lumotxona
wisselkantoor (het)	алмаштириш шохобчаси	almashtirish shoxobchasi
metro (de)	метро	metro
ziekenhuis (het)	касалхона	kasalxona
benzinestation (het)	бензин қуйиш шохобчаси	benzin quyish shoxobchasi
parking (de)	тўхташ жойи	to'xtash joyi

77. Stedelijk vervoer

bus, autobus (de)	автобус	avtobus
tram (de)	трамвай	tramvay
trolleybus (de)	троллейбус	trolleybus
route (de)	маршрут	marshrut
nummer (busnummer, enz.)	рақам	raqam
rijden met ...	... да бормоқ	... da bormoq
stappen (in de bus ~)	ўтирмоқ	o'tirmoq
afstappen (ww)	тушиб қолмоқ	tushib qolmoq

halte (de)	бекат	bekat
volgende halte (de)	кейинги бекат	keyingi bekat
eindpunt (het)	охирги бекат	oxirgi bekat
dienstregeling (de)	жадвал	jadval
wachten (ww)	кутмоқ	kutmoq

| kaartje (het) | чипта | chipta |
| reiskosten (de) | чипта нархи | chipta narxi |

kassier (de)	кассачи	kassachi
kaartcontrole (de)	назорат	nazorat
controleur (de)	назоратчи	nazoratchi

te laat zijn (ww)	кечга қолмоқ	kechga qolmoq
missen (de bus ~)	... га кечга қолмоқ	... ga kechga qolmoq
zich haasten (ww)	шошмоқ	shoshmoq

taxi (de)	такси	taksi
taxichauffeur (de)	таксичи	taksichi
met de taxi (bw)	таксида	taksida
taxistandplaats (de)	такси тўхташ жойи	taksi to'xtash joyi
een taxi bestellen	такси чақирмоқ	taksi chaqirmoq
een taxi nemen	такси олмоқ	taksi olmoq

verkeer (het)	кўча ҳаракати	ko'cha harakati
file (de)	тирбандлик	tirbandlik
spitsuur (het)	тиғиз пайт	tig'iz payt
parkeren (on.ww.)	жойлаштирмоқ	joylashtirmoq
parkeren (ov.ww.)	жойлаштирмоқ	joylashtirmoq
parking (de)	тўхташ жойи	to'xtash joyi

metro (de)	метро	metro
halte (bijv. kleine treinhalte)	станция	stantsiya
de metro nemen	метрода юрмоқ	metroda yurmoq
trein (de)	поезд	poezd
station (treinstation)	вокзал	vokzal

78. Bezienswaardigheden

monument (het)	ҳайкал	haykal
vesting (de)	қалъа	qal'a
paleis (het)	сарой	saroy
kasteel (het)	қаср	qasr
toren (de)	минора	minora
mausoleum (het)	мақбара	maqbara

architectuur (de)	меъморчилик	me'morchilik
middeleeuws (bn)	ўрта асрларга оид	o'rta asrlarga oid
oud (bn)	қадимги	qadimgi
nationaal (bn)	миллий	milliy
bekend (bn)	таниқли	taniqli

| toerist (de) | сайёҳ | sayyoh |
| gids (de) | гид | gid |

rondleiding (de)	екскурсия	ekskursiya
tonen (ww)	кўрсатмоқ	ko'rsatmoq
vertellen (ww)	сўзлаб бермоқ	so'zlab bermoq

vinden (ww)	топмоқ	topmoq
verdwalen (de weg kwijt zijn)	йўқолмоқ	yo'qolmoq
plattegrond (~ van de metro)	схема	sxema
plattegrond (~ van de stad)	чизма	chizma

souvenir (het)	ёдгорлик	yodgorlik
souvenirwinkel (de)	ёдгорликлар дўкони	yodgorliklar do'koni
een foto maken (ww)	фотосурат олмоқ	fotosurat olmoq
zich laten fotograferen	суратга тушмоқ	suratga tushmoq

79. Winkelen

kopen (ww)	харид қилмоқ	xarid qilmoq
aankoop (de)	харид	xarid
winkelen (ww)	буюмларни харид қилмоқ	buyumlarni xarid qilmoq
winkelen (het)	шоппинг	shopping

| open zijn (ov. een winkel, enz.) | ишламоқ | ishlamoq |
| gesloten zijn (ww) | ёпилмоқ | yopilmoq |

schoeisel (het)	пояфзал	poyafzal
kleren (mv.)	кийим	kiyim
cosmetica (de)	косметика	kosmetika
voedingswaren (mv.)	маҳсулотлар	mahsulotlar
geschenk (het)	совға	sovg'a

| verkoper (de) | сотувчи | sotuvchi |
| verkoopster (de) | сотувчи | sotuvchi |

kassa (de)	касса	kassa
spiegel (de)	кўзгу	ko'zgu
toonbank (de)	пештахта	peshtaxta
paskamer (de)	кийиб кўриш кабинаси	kiyib ko'rish kabinasi

aanpassen (ww)	кийиб кўриш	kiyib ko'rish
passen (ov. kleren)	лойиқ келмоқ	loyiq kelmoq
bevallen (prettig vinden)	ёқмоқ	yoqmoq

prijs (de)	нарх	narx
prijskaartje (het)	нархкўрсаткич	narxko'rsatkich
kosten (ww)	нархга эга бўлмоқ	narxga ega bo'lmoq
Hoeveel?	Қанча?	Qancha?
korting (de)	нархни камайтириш	narxni kamaytirish

niet duur (bn)	қиммат эмас	qimmat emas
goedkoop (bn)	арзон	arzon
duur (bn)	қиммат	qimmat
Dat is duur.	Бу қиммат.	Bu qimmat.
verhuur (de)	ижарага олиш	ijaraga olish

huren (smoking, enz.)	ижарага олмоқ	ijaraga olmoq
krediet (het)	кредит	kredit
op krediet (bw)	кредитга олиш	kreditga olish

80. Geld

geld (het)	пул	pul
ruil (de)	алмаштириш	almashtirish
koers (de)	курс	kurs
geldautomaat (de)	банкомат	bankomat
muntstuk (de)	танга	tanga

| dollar (de) | доллар | dollar |
| euro (de) | евро | evro |

lire (de)	лира	lira
Duitse mark (de)	марка	marka
frank (de)	франк	frank
pond sterling (het)	фунт стерлинг	funt sterling
yen (de)	йена	yena

schuld (geldbedrag)	қарз	qarz
schuldenaar (de)	қарздор	qarzdor
uitlenen (ww)	қарз бермоқ	qarz bermoq
lenen (geld ~)	қарз олмоқ	qarz olmoq

bank (de)	банк	bank
bankrekening (de)	ҳисоб рақам	hisob raqam
op rekening storten	ҳисоб-рақамга қўймоқ	hisob-raqamga qo'ymoq
opnemen (ww)	ҳисоб-рақамдан олмоқ	hisob-raqamdan olmoq

kredietkaart (de)	кредит картаси	kredit kartasi
baar geld (het)	нақд пул	naqd pul
cheque (de)	чек	chek
een cheque uitschrijven	чек ёзиб бермоқ	chek yozib bermoq
chequeboekje (het)	чек дафтарчаси	chek daftarchasi

portefeuille (de)	кармон	karmon
geldbeugel (de)	ҳамён	hamyon
safe (de)	сейф	seyf

erfgenaam (de)	меросхўр	merosxo'r
erfenis (de)	мерос	meros
fortuin (het)	бойлик	boylik

huur (de)	ижара	ijara
huurprijs (de)	турар-жой ҳақи	turar-joy haqi
huren (huis, kamer)	ижарага олмоқ	ijaraga olmoq

prijs (de)	нарх	narx
kostprijs (de)	қиймат	qiymat
som (de)	сумма	summa
uitgeven (geld besteden)	сарфламоқ	sarflamoq
kosten (mv.)	харажатлар	xarajatlar

| bezuinigen (ww) | тежамоқ | tejamoq |
| zuinig (bn) | тежамкор | tejamkor |

betalen (ww)	тўламоқ	to'lamoq
betaling (de)	тўлов	to'lov
wisselgeld (het)	қайтим	qaytim

belasting (de)	солиқ	soliq
boete (de)	жарима	jarima
beboeten (bekeuren)	жарима солмоқ	jarima solmoq

81. Post. Postkantoor

postkantoor (het)	почта	pochta
post (de)	почта	pochta
postbode (de)	хат ташувчи	xat tashuvchi
openingsuren (mv.)	иш соатлари	ish soatlari

brief (de)	хат	xat
aangetekende brief (de)	буюртма хат	buyurtma xat
briefkaart (de)	откритка	otkritka
telegram (het)	телеграмма	telegramma
postpakket (het)	посилка	posilka
overschrijving (de)	пул ўтказиш	pul o'tkazish

ontvangen (ww)	олмоқ	olmoq
sturen (zenden)	жўнатмоқ	jo'natmoq
verzending (de)	жўнатиш	jo'natish

adres (het)	манзил	manzil
postcode (de)	индекс	indeks
verzender (de)	юборувчи	yuboruvchi
ontvanger (de)	олувчи	oluvchi

| naam (de) | исм | ism |
| achternaam (de) | фамилия | familiya |

tarief (het)	тариф	tarif
standaard (bn)	оддий	oddiy
zuinig (bn)	тежамли	tejamli

gewicht (het)	вазн	vazn
afwegen (op de weegschaal)	вазн ўлчамоқ	vazn o'lchamoq
envelop (de)	конверт	konvert
postzegel (de)	марка	marka

Woning. Huis. Thuis

82. Huis. Woning

huis (het)	уй	uy
thuis (bw)	уйида	uyida
cour (de)	ховли	hovli
omheining (de)	панжара	panjara
baksteen (de)	ғишт	g'isht
van bakstenen	ғиштин	g'ishtin
steen (de)	тош	tosh
stenen (bn)	тош	tosh
beton (het)	бетон	beton
van beton	бетондан қилинган	betondan qilingan
nieuw (bn)	янги	yangi
oud (bn)	ески	eski
vervallen (bn)	кӯҳна	ko'hna
modern (bn)	замонавий	zamonaviy
met veel verdiepingen	кӯп қаватли	ko'p qavatli
hoog (bn)	баланд	baland
verdieping (de)	қават	qavat
met een verdieping	бир қаватли	bir qavatli
laagste verdieping (de)	қуйи қават	quyi qavat
bovenverdieping (de)	юқори қават	yuqori qavat
dak (het)	том	tom
schoorsteen (de)	қувур	quvur
dakpan (de)	черепица	cherepitsa
pannen- (abn)	черепицали	cherepitsali
zolder (de)	чердак	cherdak
venster (het)	дераза	deraza
glas (het)	ойна	oyna
vensterbank (de)	токча	tokcha
luiken (mv.)	дераза ешиги	deraza eshigi
muur (de)	девор	devor
balkon (het)	балкон	balkon
regenpijp (de)	тарнов	tarnov
boven (bw)	юқорида	yuqorida
naar boven gaan (ww)	кӯтарилмоқ	ko'tarilmoq
afdalen (on.ww.)	тушмоқ	tushmoq
verhuizen (ww)	кӯчиб ӯтмоқ	ko'chib o'tmoq

83. Huis. Ingang. Lift

ingang (de)	подъезд	pod'ezd
trap (de)	зинапоя	zinapoya
treden (mv.)	пиллапоялар	pillapoyalar
trapleuning (de)	тӯсиқ-панжара	to'siq-panjara
hal (de)	холл	xoll
postbus (de)	почта қутиси	pochta qutisi
vuilnisbak (de)	ахлат қутиси	axlat qutisi
vuilniskoker (de)	ахлат тортадиган қувур	axlat tortadigan quvur
lift (de)	лифт	lift
goederenlift (de)	юк кӯтарувчи лифт	yuk ko'taruvchi lift
liftcabine (de)	кабина	kabina
de lift nemen	лифтда юрмоқ	liftda yurmoq
appartement (het)	хонадон	xonadon
bewoners (mv.)	истиқомат қилувчилар	istiqomat qiluvchilar
buren (mv.)	қӯшнилар	qo'shnilar

84. Huis. Deuren. Sloten

deur (de)	ешик	eshik
toegangspoort (de)	дарвоза	darvoza
deurkruk (de)	тутқич	tutqich
ontsluiten (ontgrendelen)	очмоқ	ochmoq
openen (ww)	очмоқ	ochmoq
sluiten (ww)	ёпмоқ	yopmoq
sleutel (de)	калит	kalit
sleutelbos (de)	даста	dasta
knarsen (bijv. scharnier)	ғижирламоқ	g'ijirlamoq
knarsgeluid (het)	ғижирлаш	g'ijirlash
scharnier (het)	ошиқ-мошиқ	oshiq-moshiq
deurmat (de)	гиламча	gilamcha
slot (het)	қулф	qulf
sleutelgat (het)	қулф тешиги	qulf teshigi
grendel (de)	лӯкидон	lo'kidon
schuif (de)	зулфин	zulfin
hangslot (het)	осма қулф	osma qulf
aanbellen (ww)	қӯнғироқ қилмоқ	qo'ng'iroq qilmoq
bel (geluid)	қӯнғироқ	qo'ng'iroq
deurbel (de)	қӯнғироқ	qo'ng'iroq
belknop (de)	тугма	tugma
geklop (het)	тақиллаш	taqillash
kloppen (ww)	тақиллатмоқ	taqillatmoq
code (de)	код	kod
cijferslot (het)	кодли қулф	kodli qulf
parlofoon (de)	домофон	domofon

nummer (het)	тартиб рақами	tartib raqami
naambordje (het)	тахтача	taxtacha
deurspion (de)	туйнукча	tuynukcha

85. Huis op het platteland

dorp (het)	қишлоқ	qishloq
moestuin (de)	полиз	poliz
hek (het)	тўсиқ	to'siq
houten hekwerk (het)	шох девор	shox devor
tuinpoortje (het)	боғ ешиги	bog' eshigi

graanschuur (de)	омбор	ombor
wortelkelder (de)	ертўла	erto'la
schuur (de)	омборхона	omborxona
waterput (de)	қудуқ	quduq

kachel (de)	печка	pechka
de kachel stoken	ўт ёқмоқ	o't yoqmoq
brandhout (het)	ўтин	o'tin
houtblok (het)	тараша	tarasha

veranda (de)	айвон	ayvon
terras (het)	айвон	ayvon
bordes (het)	ешик олди	eshik oldi
schommel (de)	арғимчоқ	arg'imchoq

86. Kasteel. Paleis

kasteel (het)	қаср	qasr
paleis (het)	сарой	saroy
vesting (de)	қалъа	qal'a
ringmuur (de)	девор	devor
toren (de)	минора	minora
donjon (de)	бош минора	bosh minora

valhek (het)	кўтарма дарвоза	ko'tarma darvoza
onderaardse gang (de)	ерости йўли	erosti yo'li
slotgracht (de)	хандақ	xandaq
ketting (de)	занжир	zanjir
schietgat (het)	туйнук	tuynuk
prachtig (bn)	дабдабали	dabdabali
majestueus (bn)	маҳобатли	mahobatli
onneembaar (bn)	мустаҳкам	mustahkam
middeleeuws (bn)	ўрта асрларга оид	o'rta asrlarga oid

87. Appartement

| appartement (het) | хонадон | xonadon |
| kamer (de) | хона | xona |

slaapkamer (de)	ётоқхона	yotoqxona
eetkamer (de)	йемакхона	yemakxona
salon (de)	меҳмонхона	mehmonxona
studeerkamer (de)	кабинет	kabinet

gang (de)	даҳлиз	dahliz
badkamer (de)	ваннахона	vannaxona
toilet (het)	ҳожатхона	hojatxona

plafond (het)	шип	ship
vloer (de)	пол	pol
hoek (de)	бурчак	burchak

88. Appartement. Schoonmaken

schoonmaken (ww)	йиғиштирмоқ	yig'ishtirmoq
opbergen (in de kast, enz.)	олиб қўймоқ	olib qo'ymoq
stof (het)	чанг	chang
stoffig (bn)	чанг босган	chang bosgan
stoffen (ww)	чангни артмоқ	changni artmoq
stofzuiger (de)	чангютгич	changyutgich
stofzuigen (ww)	чангютгич билан	changyutgich bilan
	чанг ютмоқ	chang yutmoq

vegen (de vloer ~)	супурмоқ	supurmoq
veegsel (het)	ахлат	axlat
orde (de)	саранжомлик	saranjomlik
wanorde (de)	бетартиблик	betartiblik

zwabber (de)	швабра	shvabra
poetsdoek (de)	латта	latta
veger (de)	супурги	supurgi
stofblik (het)	хокандоз	xokandoz

89. Meubels. Interieur

meubels (mv.)	мебел	mebel
tafel (de)	стол	stol
stoel (de)	стул	stul
bed (het)	каравот	karavot
bankstel (het)	диван	divan
fauteuil (de)	кресло	kreslo

boekenkast (de)	жавон	javon
boekenrek (het)	полка	polka

kledingkast (de)	шкаф	shkaf
kapstok (de)	кийим илгич	kiyim ilgich
staande kapstok (de)	кийим илгич	kiyim ilgich

commode (de)	комод	komod
salontafeltje (het)	журнал столи	jurnal stoli

spiegel (de)	кўзгу	ko'zgu
tapijt (het)	гилам	gilam
tapijtje (het)	гиламча	gilamcha

haard (de)	камин	kamin
kaars (de)	шам	sham
kandelaar (de)	шамдон	shamdon

gordijnen (mv.)	дарпарда	darparda
behang (het)	гулқоғоз	gulqog'oz
jaloezie (de)	дарпарда	darparda

bureaulamp (de)	стол чироғи	stol chirog'i
wandlamp (de)	чироқ	chiroq
staande lamp (de)	торшер	torsher
luchter (de)	қандил	qandil

poot (ov. een tafel, enz.)	оёқ	oyoq
armleuning (de)	тирсаклагич	tirsaklagich
rugleuning (de)	суянчиқ	suyanchiq
la (de)	ғаладон	g'aladon

90. Beddengoed

beddengoed (het)	чойшаб	choyshab
kussen (het)	ёстиқ	yostiq
kussenovertrek (de)	ёстиқ жилди	yostiq jildi
deken (de)	адёл	adyol
laken (het)	чойшаб	choyshab
sprei (de)	ўрин ёпинғичи	o'rin yoping'ichi

91. Keuken

keuken (de)	ошхона	oshxona
gas (het)	газ	gaz
gasfornuis (het)	газ плитаси	gaz plitasi
elektrisch fornuis (het)	електр плитаси	elektr plitasi
oven (de)	духовка	duxovka
magnetronoven (de)	микротўлқин печи	mikroto'lqin pechi

koelkast (de)	совутгич	sovutgich
diepvriezer (de)	музлатгич	muzlatgich
vaatwasmachine (de)	идиш-товоқ	idish-tovoq
	ювиш машинаси	yuvish mashinasi

vleesmolen (de)	гўштқиймалагич	go'shtqiymalagich
vruchtenpers (de)	шарбациққич	sharbatsiqqich
toaster (de)	тостер	toster
mixer (de)	миксер	mikser

| koffiemachine (de) | кофе қайнатадиган асбоб | kofe qaynatadigan asbob |
| koffiepot (de) | кофе қайнатадиган идиш | kofe qaynatadigan idish |

koffiemolen (de)	кофе туядиган асбоб	kofe tuyadigan asbob
fluitketel (de)	чойнак	choynak
theepot (de)	чойнак	choynak
deksel (de/het)	қопқоқ	qopqoq
theezeefje (het)	сузгич	suzgich

lepel (de)	қошиқ	qoshiq
theelepeltje (het)	чой қошиғи	choy qoshig'i
eetlepel (de)	ош қошиғи	osh qoshig'i
vork (de)	санчқи	sanchqi
mes (het)	пичоқ	pichoq

vaatwerk (het)	идиш-товоқ	idish-tovoq
bord (het)	тарелка	tarelka
schoteltje (het)	ликопча	likopcha

likeurglas (het)	қадах	qadah
glas (het)	стакан	stakan
kopje (het)	косача	kosacha

suikerpot (de)	қанддон	qanddon
zoutvat (het)	туздон	tuzdon
pepervat (het)	мурчдон	murchdon
boterschaaltje (het)	мой идиши	moy idishi

steelpan (de)	кастрюл	kastryul
bakpan (de)	това	tova
pollepel (de)	чўмич	cho'mich
vergiet (de/het)	човли	chovli
dienblad (het)	патнис	patnis

fles (de)	бутилка	butilka
glazen pot (de)	банка	banka
blik (conserven~)	банка	banka

flesopener (de)	очқич	ochqich
blikopener (de)	очқич	ochqich
kurkentrekker (de)	штопор	shtopor
filter (de/het)	филтр	filtr
filteren (ww)	филтрлаш	filtrlash

| huisvuil (het) | ахлат | axlat |
| vuilnisemmer (de) | ахлат челак | axlat chelak |

92. Badkamer

badkamer (de)	ваннахона	vannaxona
water (het)	сув	suv
kraan (de)	жўмрак	jo'mrak
warm water (het)	иссиқ сув	issiq suv
koud water (het)	совуқ сув	sovuq suv

| tandpasta (de) | тиш пастаси | tish pastasi |
| tanden poetsen (ww) | тиш тозаламоқ | tish tozalamoq |

zich scheren (ww)	соқол олмоқ	soqol olmoq
scheercrème (de)	соқол олиш учун кўпик	soqol olish uchun ko'pik
scheermes (het)	устара	ustara

wassen (ww)	ювмоқ	yuvmoq
een bad nemen	ювинмоқ	yuvinmoq
douche (de)	душ	dush
een douche nemen	душ қабул қилиш	dush qabul qilish

bad (het)	ванна	vanna
toiletpot (de)	унитаз	unitaz
wastafel (de)	раковина	rakovina

| zeep (de) | совун | sovun |
| zeepbakje (het) | совун қути | sovun quti |

spons (de)	губка	gubka
shampoo (de)	шампун	shampun
handdoek (de)	сочиқ	sochiq
badjas (de)	халат	xalat

was (bijv. handwas)	кир ювиш	kir yuvish
wasmachine (de)	кир ювиш машинаси	kir yuvish mashinasi
de was doen	кир ювмоқ	kir yuvmoq
waspoeder (de)	кир ювиш порошоги	kir yuvish poroshogi

93. Huishoudelijke apparaten

televisie (de)	телевизор	televizor
cassettespeler (de)	магнитофон	magnitofon
videorecorder (de)	видеомагнитофон	videomagnitofon
radio (de)	приёмник	priyomnik
speler (de)	плеер	pleer

videoprojector (de)	видеопроектор	videoproektor
home theater systeem (het)	уй кинотеатри	uy kinoteatri
DVD-speler (de)	ДВД проигривatели	DVD proigrivateli
versterker (de)	кучайтиргич	kuchaytirgich
spelconsole (de)	ўйин приставкаси	o'yin pristavkasi

videocamera (de)	видеокамера	videokamera
fotocamera (de)	фотоаппарат	fotoapparat
digitale camera (de)	рақамли фотоаппарат	raqamli fotoapparat

stofzuiger (de)	чангютгич	changyutgich
strijkijzer (het)	дазмол	dazmol
strijkplank (de)	дазмол тахта	dazmol taxta

telefoon (de)	телефон	telefon
mobieltje (het)	мобил телефон	mobil telefon
schrijfmachine (de)	ёзув машинкаси	yozuv mashinkasi
naaimachine (de)	тикув машинкаси	tikuv mashinkasi
microfoon (de)	микрофон	mikrofon
koptelefoon (de)	наушниклар	naushniklar

afstandsbediening (de)	пулт	pult
CD (de)	СД-диск	CD-disk
cassette (de)	кассета	kasseta
vinylplaat (de)	пластинка	plastinka

94. Reparaties. Renovatie

renovatie (de)	таъмир	ta'mir
renoveren (ww)	таъмир қилмоқ	ta'mir qilmoq
repareren (ww)	таъмирламоқ	ta'mirlamoq
op orde brengen	тартибга келтирмоқ	tartibga keltirmoq
overdoen (ww)	қайтадан қилмоқ	qaytadan qilmoq

verf (de)	бўёқ	bo'yoq
verven (muur ~)	бўямоқ	bo'yamoq
schilder (de)	бўёқчи	bo'yoqchi
kwast (de)	чўтка	cho'tka

kalk (de)	оҳак	ohak
kalken (ww)	оҳаклаш	ohaklash

behang (het)	гулқоғоз	gulqog'oz
behangen (ww)	гулқоғоз ёпиштирмоқ	gulqog'oz yopishtirmoq
lak (de/het)	лок	lok
lakken (ww)	локламоқ	loklamoq

95. Loodgieterswerk

water (het)	сув	suv
warm water (het)	иссиқ сув	issiq suv
koud water (het)	совуқ сув	sovuq suv
kraan (de)	жўмрак	jo'mrak

druppel (de)	томчи	tomchi
druppelen (ww)	томчиламоқ	tomchilamoq
lekken (een lek hebben)	оқиб кетмоқ	oqib ketmoq
lekkage (de)	оқиб кетиш	oqib ketish
plasje (het)	кўлмак	ko'lmak

buis, leiding (de)	қувур	quvur
stopkraan (de)	вентил	ventil
verstopt raken (ww)	тиқилиб қолмоқ	tiqilib qolmoq

gereedschap (het)	асбоблар	asboblar
Engelse sleutel (de)	кериладиган ключ	keriladigan klyuch
losschroeven (ww)	бураб чиқармоқ	burab chiqarmoq
aanschroeven (ww)	бураб қотирмоқ	burab qotirmoq

ontstoppen (riool, enz.)	тозаламоқ	tozalamoq
loodgieter (de)	сантехник	santexnik
kelder (de)	ертўла	erto'la
riolering (de)	канализация	kanalizatsiya

96. Brand. Vuurzee

vuur (het)	олов	olov
vlam (de)	аланга	alanga
vonk (de)	учқун	uchqun
rook (de)	тутун	tutun
fakkel (de)	машъал	mash'al
kampvuur (het)	гулхан	gulxan

benzine (de)	бензин	benzin
kerosine (de)	керосин	kerosin
brandbaar (bn)	ёнувчан	yonuvchan
ontplofbaar (bn)	портлаш хавфи бўлган	portlash xavfi bo'lgan
VERBODEN TE ROKEN!	СҲЕКИЛМАСИН!	CHEKILMASIN!

veiligheid (de)	хавфсизлик	xavfsizlik
gevaar (het)	хавф	xavf
gevaarlijk (bn)	хавфли	xavfli

in brand vliegen (ww)	ёна бошламоқ	yona boshlamoq
explosie (de)	портлаш	portlash
in brand steken (ww)	ёндирмоқ	yondirmoq
brandstichter (de)	қасддан ўт қўйган одам	qasddan o't qo'ygan odam
brandstichting (de)	қасддан ўт қўйиш	qasddan o't qo'yish

vlammen (ww)	ловуллаб ёнмоқ	lovullab yonmoq
branden (ww)	ёнмоқ	yonmoq
afbranden (ww)	ёниб кетмоқ	yonib ketmoq

de brandweer bellen	ўт ўчирувчиларни чақирмоқ	o't o'chiruvchilarni chaqirmoq
brandweerman (de)	ўт ўчирувчи	o't o'chiruvchi
brandweerwagen (de)	ўт ўчириш машинаси	o't o'chirish mashinasi
brandweer (de)	ўт ўчириш командаси	o't o'chirish komandasi
uitschuifbare ladder (de)	ўт ўчирувчилар нарвони	o't o'chiruvchilar narvoni

brandslang (de)	шланг	shlang
brandblusser (de)	ўтўчиргич	o'to'chirgich
helm (de)	каска	kaska
sirene (de)	сирена	sirena

roepen (ww)	бақирмоқ	baqirmoq
hulp roepen	ёрдамга чақирмоқ	yordamga chaqirmoq
redder (de)	қутқарувчи	qutqaruvchi
redden (ww)	қутқармоқ	qutqarmoq

aankomen (per auto, enz.)	етиб келмоқ	etib kelmoq
blussen (ww)	ўчирмоқ	o'chirmoq
water (het)	сув	suv
zand (het)	қум	qum

ruïnes (mv.)	харобалар	xarobalar
instorten (gebouw, enz.)	ағdarилмоқ	ag'darilmoq
ineenstorten (ww)	қуламоқ	qulamoq
inzakken (ww)	ўпирилиб тушмоқ	o'pirilib tushmoq

brokstuk (het)	**синган бўлак**	singan bo'lak
as (de)	**кул**	kul
verstikken (ww)	**бўғилмоқ**	bo'g'ilmoq
omkomen (ww)	**ҳалок бўлмоқ**	halok bo'lmoq

MENSELIJKE ACTIVITEITEN

Baan. Business. Deel 1

97. Bankieren

bank (de)	банк	bank
bankfiliaal (het)	бўлим	bo'lim
bankbediende (de)	маслаҳатчи	maslahatchi
manager (de)	бошқарувчи	boshqaruvchi
bankrekening (de)	ҳисоб рақам	hisob raqam
rekeningnummer (het)	ҳисоб-рақам сони	hisob-raqam soni
lopende rekening (de)	жорий ҳисоб-рақами	joriy hisob-raqami
spaarrekening (de)	жамғарма ҳисоб-рақами	jamg'arma hisob-raqami
een rekening openen	ҳисоб-рақамни очмоқ	hisob-raqamni ochmoq
de rekening sluiten	ҳисоб-рақамни ёпмоқ	hisob-raqamni yopmoq
op rekening storten	ҳисоб-рақамга қўймоқ	hisob-raqamga qo'ymoq
opnemen (ww)	ҳисоб-рақамдан олмоқ	hisob-raqamdan olmoq
storting (de)	омонат	omonat
een storting maken	омонат қўймоқ	omonat qo'ymoq
overschrijving (de)	ўтказиш	o'tkazish
een overschrijving maken	ўтказмоқ	o'tkazmoq
som (de)	сумма	summa
Hoeveel?	Қанча?	Qancha?
handtekening (de)	имзо	imzo
ondertekenen (ww)	имзоламоқ	imzolamoq
kredietkaart (de)	кредит картаси	kredit kartasi
code (de)	код	kod
kredietkaartnummer (het)	кредит картасининг	kredit kartasining
	тартиб рақами	tartib raqami
geldautomaat (de)	банкомат	bankomat
cheque (de)	чек	chek
een cheque uitschrijven	чек ёзиб бермоқ	chek yozib bermoq
chequeboekje (het)	чек дафтарчаси	chek daftarchasi
lening, krediet (de)	кредит	kredit
een lening aanvragen	кредит олиш учун	kredit olish uchun
	мурожаат қилмоқ	murojaat qilmoq
een lening nemen	кредит олмоқ	kredit olmoq
een lening verlenen	кредит бермоқ	kredit bermoq
garantie (de)	кафолат	kafolat

98. Telefoon. Telefoongesprek

telefoon (de)	телефон	telefon
mobieltje (het)	мобил телефон	mobil telefon
antwoordapparaat (het)	автоматик жавоб берувчи	avtomatik javob beruvchi

bellen (ww)	қўнғироқ қилмоқ	qo'ng'iroq qilmoq
belletje (telefoontje)	қўнғироқ	qo'ng'iroq

een nummer draaien	рақам термоқ	raqam termoq
Hallo!	Алло!	Allo!
vragen (ww)	сўрамоқ	so'ramoq
antwoorden (ww)	жавоб бермоқ	javob bermoq

horen (ww)	ешитмоқ	eshitmoq
goed (bw)	яхши	yaxshi
slecht (bw)	ёмон	yomon
storingen (mv.)	халал берувчи шовқин	xalal beruvchi shovqin

hoorn (de)	трубка	trubka
opnemen (ww)	трубкани олмоқ	trubkani olmoq
ophangen (ww)	трубкани қўймоқ	trubkani qo'ymoq

bezet (bn)	банд	band
overgaan (ww)	жирингламоқ	jiringlamoq
telefoonboek (het)	телефон китоби	telefon kitobi

lokaal (bn)	маҳаллий	mahalliy
interlokaal (bn)	шаҳарлараро	shaharlararo
buitenlands (bn)	халқаро	xalqaro

99. Mobiele telefoon

mobieltje (het)	мобил телефон	mobil telefon
scherm (het)	дисплей	displey
toets, knop (de)	тугма	tugma
simkaart (de)	СИМ-карта	SIM-karta

batterij (de)	батарея	batareya
leeg zijn (ww)	разрядка бўлмоқ	razryadka bo'lmoq
acculader (de)	заряд қилиш мосламаси	zaryad qilish moslamasi

menu (het)	меню	menyu
instellingen (mv.)	созлашлар	sozlashlar
melodie (beltoon)	мелодия	melodiya
selecteren (ww)	танламоқ	tanlamoq

rekenmachine (de)	калкулятор	kalkulyator
voicemail (de)	автоматик жавоб берувчи	avtomatik javob beruvchi
wekker (de)	будилник	budilnik
contacten (mv.)	телефон китоби	telefon kitobi
SMS-bericht (het)	СМС-хабар	SMS-xabar
abonnee (de)	абонент	abonent

100. Schrijfbehoeften

balpen (de)	ручка	ruchka
vulpen (de)	пероли ручка	peroli ruchka
potlood (het)	қалам	qalam
marker (de)	маркер	marker
viltstift (de)	фломастер	flomaster
notitieboekje (het)	ён дафтарча	yon daftarcha
agenda (boekje)	кундалик	kundalik
liniaal (de/het)	чизғич	chizg'ich
rekenmachine (de)	калкулятор	kalkulyator
gom (de)	ўчирғич	o'chirg'ich
punaise (de)	кнопка	knopka
paperclip (de)	қисқич	qisqich
lijm (de)	елим	elim
nietmachine (de)	степлер	stepler
perforator (de)	тешгич	teshgich
potloodslijper (de)	точилка	tochilka

Baan. Business. Deel 2

101. Massamedia

krant (de)	газета	gazeta
tijdschrift (het)	журнал	jurnal
pers (gedrukte media)	матбуот	matbuot
radio (de)	радио	radio
radiostation (het)	радиостанция	radiostantsiya
televisie (de)	телевидение	televidenie
presentator (de)	бошловчи	boshlovchi
nieuwslezer (de)	диктор	diktor
commentator (de)	шарҳловчи	sharhlovchi
journalist (de)	журналист	jurnalist
correspondent (de)	мухбир	muxbir
fotocorrespondent (de)	фотомухбир	fotomuxbir
reporter (de)	репортёр	reportyor
redacteur (de)	муҳаррир	muharrir
chef-redacteur (de)	бош муҳаррир	bosh muharrir
zich abonneren op	обуна бўлмоқ	obuna bo'lmoq
abonnement (het)	обуна	obuna
abonnee (de)	обуначи	obunachi
lezen (ww)	ўқимоқ	o'qimoq
lezer (de)	газетхон	gazetxon
oplage (de)	тираж	tiraj
maand-, maandelijks (bn)	ойлик	oylik
wekelijks (bn)	ҳафталик	haftalik
nummer (het)	сон	son
vers (~ van de pers)	янги	yangi
kop (de)	сарлавҳа	sarlavha
korte artikel (het)	хабар	xabar
rubriek (de)	рубрика	rubrika
artikel (het)	мақола	maqola
pagina (de)	саҳифа	sahifa
reportage (de)	репортаж	reportaj
gebeurtenis (de)	ходиса	xodisa
sensatie (de)	шов-шув	shov-shuv
schandaal (het)	жанжал	janjal
schandalig (bn)	жанжалли	janjalli
groot (~ schandaal, enz.)	овозали	ovozali
programma (het)	кўрсатув	ko'rsatuv
interview (het)	интервю	intervyu

live uitzending (de)	тўғридан-тўғри трансляция	to'g'ridan-to'g'ri translyatsiya
kanaal (het)	канал	kanal

102. Landbouw

landbouw (de)	қишлоқ хўжалиги	qishloq xo'jaligi
boer (de)	деҳқон	dehqon
boerin (de)	деҳқон аёл	dehqon ayol
landbouwer (de)	фермер	fermer

tractor (de)	трактор	traktor
maaidorser (de)	комбайн	kombayn

ploeg (de)	плуг	plug
ploegen (ww)	ер ҳайдамоқ	er haydamoq
akkerland (het)	шудгор	shudgor
voor (de)	егат	egat

zaaien (ww)	екмоқ	ekmoq
zaaimachine (de)	сеялка	seyalka
zaaien (het)	екиш	ekish

zeis (de)	белўроқ	belo'roq
maaien (ww)	ўрамоқ	o'ramoq

schop (de)	белкурак	belkurak
spitten (ww)	қазимоқ	qazimoq

schoffel (de)	чопқи	chopqi
wieden (ww)	ўтамоқ	o'tamoq
onkruid (het)	бегона ўт	begona o't

gieter (de)	гулчелак	gulchelak
begieten (water geven)	суғормоқ	sug'ormoq
bewatering (de)	суғориш	sug'orish

riek, hooivork (de)	паншаха	panshaxa
hark (de)	хаскаш	xaskash

meststof (de)	ўғит	o'g'it
bemesten (ww)	ўғитламоқ	o'g'itlamoq
mest (de)	гўнг	go'ng

veld (het)	дала	dala
wei (de)	ўтлоқ	o'tloq
moestuin (de)	полиз	poliz
boomgaard (de)	боғ	bog'

weiden (ww)	ўтлатмоқ	o'tlatmoq
herder (de)	чўпон	cho'pon
weiland (de)	яйлов	yaylov
veehouderij (de)	чорвачилик	chorvachilik
schapenteelt (de)	қўйчилик	qo'ychilik

plantage (de)	плантация	plantatsiya
rijtje (het)	жўяк	jo'yak
broeikas (de)	иссиқхона	issiqxona

| droogte (de) | қурғоқчилик | qurg'oqchilik |
| droog (bn) | қуруқ | quruq |

| graangewassen (mv.) | ғалла | g'alla |
| oogsten (ww) | ўриб олмоқ | o'rib olmoq |

molenaar (de)	тегирмончи	tegirmonchi
molen (de)	тегирмон	tegirmon
malen (graan ~)	дон туймоқ	don tuymoq
bloem (bijv. tarwebloem)	ун	un
stro (het)	сомон	somon

103. Gebouw. Bouwproces

bouwplaats (de)	қурилиш	qurilish
bouwen (ww)	қурмоқ	qurmoq
bouwvakker (de)	қурувчи	quruvchi

project (het)	лойиҳа	loyiha
architect (de)	меъмор	me'mor
arbeider (de)	ишчи	ishchi

fundering (de)	пойдевор	poydevor
dak (het)	том	tom
heipaal (de)	қозиқоёқ	qoziqoyoq
muur (de)	девор	devor

| betonstaal (het) | арматура | armatura |
| steigers (mv.) | қурилиш ҳавозалари | qurilish havozalari |

beton (het)	бетон	beton
graniet (het)	гранит	granit
steen (de)	тош	tosh
baksteen (de)	ғишт	g'isht

zand (het)	қум	qum
cement (de/het)	семент	sement
pleister (het)	сувоқ	suvoq
pleisteren (ww)	сувамоқ	suvamoq
verf (de)	бўёқ	bo'yoq
verven (muur ~)	бўямоқ	bo'yamoq
ton (de)	бочка	bochka

kraan (de)	кран	kran
heffen, hijsen (ww)	кўтармоқ	ko'tarmoq
neerlaten (ww)	туширмоқ	tushirmoq

bulldozer (de)	булдозер	buldozer
graafmachine (de)	екскаватор	ekskavator
graafbak (de)	ковш	kovsh

graven (tunnel, enz.)	қазимоқ	qazimoq
helm (de)	каска	kaska

Beroepen en ambachten

104. Zoeken naar werk. Ontslag

baan (de)	иш	ish
personeel (het)	штат	shtat
carrière (de)	еришиладиган мавқе	erishiladigan mavqe
vooruitzichten (mv.)	истиқбол	istiqbol
meesterschap (het)	маҳорат	mahorat
keuze (de)	танлаш	tanlash
uitzendbureau (het)	кадрлар агентлиги	kadrlar agentligi
CV, curriculum vitae (het)	резюме	rezyume
sollicitatiegesprek (het)	суҳбатлашиш	suhbatlashish
vacature (de)	бўш ўрин	bo'sh o'rin
salaris (het)	иш ҳақи	ish haqi
vaste salaris (het)	маош	maosh
loon (het)	ҳақ	haq
betrekking (de)	лавозим	lavozim
taak, plicht (de)	вазифа	vazifa
takenpakket (het)	доира	doira
bezig (~ zijn)	банд	band
ontslagen (ww)	ишдан бўшатмоқ	ishdan bo'shatmoq
ontslag (het)	ишдан бўшаш	ishdan bo'shash
werkloosheid (de)	ишсизлик	ishsizlik
werkloze (de)	ишсиз	ishsiz
pensioen (het)	нафақа	nafaqa
met pensioen gaan	нафақага чиқиш	nafaqaga chiqish

105. Zakenmensen

directeur (de)	директор	direktor
beheerder (de)	бошқарувчи	boshqaruvchi
hoofd (het)	раҳбар	rahbar
baas (de)	бошлиқ	boshliq
superieuren (mv.)	бошлиқлар	boshliqlar
president (de)	президент	prezident
voorzitter (de)	раис	rais
adjunct (de)	ўринбосар	o'rinbosar
assistent (de)	ёрдамчи	yordamchi
secretaris (de)	котиб	kotib

persoonlijke assistent (de)	шахсий котиб	shaxsiy kotib
zakenman (de)	бизнесмен	biznesmen
ondernemer (de)	тадбиркор	tadbirkor
oprichter (de)	асосчи	asoschi
oprichten	асос солмоқ	asos solmoq
(een nieuw bedrijf ~)		

stichter (de)	таъсисчи	ta'sischi
partner (de)	ҳамкор	hamkor
aandeelhouder (de)	акциядор	aktsiyador

miljonair (de)	миллионер	millioner
miljardair (de)	миллиардер	milliarder
eigenaar (de)	era	ega
landeigenaar (de)	ер егаси	er egasi

klant (de)	мижоз	mijoz
vaste klant (de)	доимий мижоз	doimiy mijoz
koper (de)	харидор	xaridor
bezoeker (de)	келувчи	keluvchi

professioneel (de)	профессионал	professional
expert (de)	експерт	ekspert
specialist (de)	мутахассис	mutaxassis

| bankier (de) | банкир | bankir |
| makelaar (de) | брокер | broker |

kassier (de)	кассачи	kassachi
boekhouder (de)	бухгалтер	buxgalter
bewaker (de)	соқчи	soqchi

investeerder (de)	инвестор	investor
schuldenaar (de)	қарздор	qarzdor
crediteur (de)	кредитор	kreditor
lener (de)	қарз олувчи	qarz oluvchi

| importeur (de) | импортчи | importchi |
| exporteur (de) | експортчи | eksportchi |

producent (de)	ишлаб чиқарувчи	ishlab chiqaruvchi
distributeur (de)	дистрибютор	distribyutor
bemiddelaar (de)	воситачи	vositachi

adviseur, consulent (de)	маслаҳатчи	maslahatchi
vertegenwoordiger (de)	вакил	vakil
agent (de)	агент	agent
verzekeringsagent (de)	суғурта агенти	sug'urta agenti

106. Dienstverlenende beroepen

kok (de)	ошпаз	oshpaz
chef-kok (de)	бош ошпаз	bosh oshpaz
bakker (de)	новвой	novvoy

barman (de)	бармен	barmen
kelner, ober (de)	официант	ofitsiant
serveerster (de)	официантка	ofitsiantka
advocaat (de)	адвокат	advokat
jurist (de)	хуқуқшунос	huquqshunos
notaris (de)	нотариус	notarius
elektricien (de)	монтёр	montyor
loodgieter (de)	сантехник	santexnik
timmerman (de)	дурадгор	duradgor
masseur (de)	массажчи	massajchi
masseuse (de)	массажчи аёл	massajchi ayol
dokter, arts (de)	шифокор	shifokor
taxichauffeur (de)	таксичи	taksichi
chauffeur (de)	шофёр	shofyor
koerier (de)	курер	kurer
kamermeisje (het)	ходима	xodima
bewaker (de)	соқчи	soqchi
stewardess (de)	стюардесса	styuardessa
meester (de)	ўқитувчи	o'qituvchi
bibliothecaris (de)	кутубхоначи	kutubxonachi
vertaler (de)	таржимон	tarjimon
tolk (de)	таржимон	tarjimon
gids (de)	гид	gid
kapper (de)	сартарош	sartarosh
postbode (de)	почтачи	pochtachi
verkoper (de)	сотувчи	sotuvchi
tuinman (de)	боғбон	bog'bon
huisbediende (de)	хизматкор	xizmatkor
dienstmeisje (het)	хизматкор аёл	xizmatkor ayol
schoonmaakster (de)	фаррош	farrosh

107. Militaire beroepen en rangen

soldaat (rang)	оддий аскар	oddiy askar
sergeant (de)	сержант	serjant
luitenant (de)	лейтенант	leytenant
kapitein (de)	капитан	kapitan
majoor (de)	маёр	mayor
kolonel (de)	полковник	polkovnik
generaal (de)	генерал	general
maarschalk (de)	маршал	marshal
admiraal (de)	адмирал	admiral
militair (de)	ҳарбий	harbiy
soldaat (de)	аскар	askar

officier (de)	зобит	zobit
commandant (de)	командир	komandir

grenswachter (de)	чегарачи	chegarachi
marconist (de)	радист	radist
verkenner (de)	разведкачи	razvedkachi
sappeur (de)	сапёр	sapyor
schutter (de)	ўқчи	o'qchi
stuurman (de)	штурман	shturman

108. Ambtenaren. Priesters

koning (de)	қирол	qirol
koningin (de)	қиролича	qirolicha

prins (de)	шаҳзода	shahzoda
prinses (de)	малика	malika

tsaar (de)	подшо	podsho
tsarina (de)	малика	malika

president (de)	президент	prezident
minister (de)	министр	ministr
eerste minister (de)	бош вазир	bosh vazir
senator (de)	сенатор	senator

diplomaat (de)	дипломат	diplomat
consul (de)	консул	konsul
ambassadeur (de)	елчи	elchi
adviseur (de)	маслаҳатчи	maslahatchi

ambtenaar (de)	амалдор	amaldor
prefect (de)	префект	prefekt
burgemeester (de)	мер	mer

rechter (de)	судя	sudya
aanklager (de)	прокурор	prokuror

missionaris (de)	миссионер	missioner
monnik (de)	монах	monax
abt (de)	аббат	abbat
rabbi, rabbijn (de)	раввин	ravvin

vizier (de)	вазир	vazir
sjah (de)	шоҳ	shoh
sjeik (de)	шайх	shayx

109. Agrarische beroepen

imker (de)	асаларичи	asalarichi
herder (de)	чўпон	cho'pon
landbouwkundige (de)	агроном	agronom

| veehouder (de) | чорвадор | chorvador |
| dierenarts (de) | ветеринар | veterinar |

landbouwer (de)	фермер	fermer
wijnmaker (de)	винопаз	vinopaz
zoöloog (de)	зоолог	zoolog
cowboy (de)	ковбой	kovboy

110. Kunst beroepen

| acteur (de) | актёр | aktyor |
| actrice (de) | актриса | aktrisa |

| zanger (de) | хонанда | xonanda |
| zangeres (de) | хонанда | xonanda |

| danser (de) | раққос | raqqos |
| danseres (de) | раққоса | raqqosa |

| artiest (mann.) | артист | artist |
| artiest (vrouw.) | артистка | artistka |

muzikant (de)	мусиқачи	musiqachi
pianist (de)	пианиночи	pianinochi
gitarist (de)	гитарачи	gitarachi

orkestdirigent (de)	дирижёр	dirijyor
componist (de)	композитор	kompozitor
impresario (de)	импресарио	impresario

filmregisseur (de)	режиссёр	rejissyor
filmproducent (de)	продюсер	prodyuser
scenarioschrijver (de)	сценарийчи	stsenariychi
criticus (de)	танқидчи	tanqidchi

schrijver (de)	ёзувчи	yozuvchi
dichter (de)	шоир	shoir
beeldhouwer (de)	ҳайкалтарош	haykaltarosh
kunstenaar (de)	рассом	rassom

jongleur (de)	жонглёр	jonglyor
clown (de)	масхарабоз	masxaraboz
acrobaat (de)	акробат	akrobat
goochelaar (de)	фокусчи	fokuschi

111. Verschillende beroepen

dokter, arts (de)	шифокор	shifokor
ziekenzuster (de)	тиббий ҳамшира	tibbiy hamshira
psychiater (de)	психиатр	psixiatr
tandarts (de)	стоматолог	stomatolog
chirurg (de)	жарроҳ	jarroh

astronaut (de)	астронавт	astronavt
astronoom (de)	астроном	astronom
piloot (de)	учувчи	uchuvchi
chauffeur (de)	ҳайдовчи	haydovchi
machinist (de)	машинист	mashinist
mecanicien (de)	механик	mexanik
mijnwerker (de)	кончи	konchi
arbeider (de)	ишчи	ishchi
bankwerker (de)	чилангар	chilangar
houtbewerker (de)	дурадгор	duradgor
draaier (de)	токар	tokar
bouwvakker (de)	қурувчи	quruvchi
lasser (de)	пайвандчи	payvandchi
professor (de)	профессор	professor
architect (de)	меъмор	me'mor
historicus (de)	тарихшунос	tarixshunos
wetenschapper (de)	олим	olim
fysicus (de)	физик	fizik
scheikundige (de)	кимёгар	kimyogar
archeoloog (de)	археолог	arxeolog
geoloog (de)	геолог	geolog
onderzoeker (de)	тадқиқотчи	tadqiqotchi
babysitter (de)	енага	enaga
leraar, pedagoog (de)	педагог	pedagog
redacteur (de)	муҳаррир	muharrir
chef-redacteur (de)	бош муҳаррир	bosh muharrir
correspondent (de)	мухбир	muxbir
typiste (de)	машинистка	mashinistka
designer (de)	дизайнер	dizayner
computerexpert (de)	компютерчи	kompyuterchi
programmeur (de)	дастурчи	dasturchi
ingenieur (de)	муҳандис	muhandis
matroos (de)	денгизчи	dengizchi
zeeman (de)	матрос	matros
redder (de)	қутқарувчи	qutqaruvchi
brandweerman (de)	ўт ўчирувчи	o't o'chiruvchi
politieagent (de)	полициячи	politsiyachi
nachtwaker (de)	қоровул	qorovul
detective (de)	изқувар	izquvar
douanier (de)	божхона ходими	bojxona xodimi
lijfwacht (de)	шахсий соқчи	shaxsiy soqchi
gevangenisbewaker (de)	назоратчи	nazoratchi
inspecteur (de)	инспектор	inspektor
sportman (de)	спортчи	sportchi
trainer (de)	тренер	trener

slager, beenhouwer (de)	қассоб	qassob
schoenlapper (de)	етикдўз	etikdo'z
handelaar (de)	тижоратчи	tijoratchi
lader (de)	юкчи	yukchi

| kledingstilist (de) | моделер | modeler |
| model (het) | модел | model |

112. Beroepen. Sociale status

| scholier (de) | ўқувчи | o'quvchi |
| student (de) | талаба | talaba |

filosoof (de)	файласуф	faylasuf
econoom (de)	иқтисодчи	iqtisodchi
uitvinder (de)	ихтирочи	ixtirochi

werkloze (de)	ишсиз	ishsiz
gepensioneerde (de)	нафақахўр	nafaqaxo'r
spion (de)	жосус	josus

gedetineerde (de)	маҳбус	mahbus
staker (de)	иш ташловчи	ish tashlovchi
bureaucraat (de)	бюрократ	byurokrat
reiziger (de)	саёҳатчи	sayohatchi

homoseksueel (de)	гомосексуалчи	gomoseksualchi
hacker (computerkraker)	хакер	xaker
hippie (de)	хиппи	xippi

bandiet (de)	босқинчи	bosqinchi
huurmoordenaar (de)	ёлланма қотил	yollanma qotil
drugsverslaafde (de)	гиёҳванд	giyohvand
drugshandelaar (de)	наркотик моддаларни сотувчи	narkotik moddalarni sotuvchi

| prostituee (de) | фоҳиша | fohisha |
| pooier (de) | даюс | dayus |

tovenaar (de)	жодугар	jodugar
tovenares (de)	жодугар аёл	jodugar ayol
piraat (de)	денгиз қароқчиси	dengiz qaroqchisi
slaaf (de)	қул	qul
samoerai (de)	самурай	samuray
wilde (de)	ёввойи одам	yovvoyi odam

Sport

113. Soorten sporten. Sporters

sportman (de)	спортчи	sportchi
soort sport (de/het)	спорт тури	sport turi
basketbal (het)	баскетбол	basketbol
basketbalspeler (de)	баскетболчи	basketbolchi
baseball (het)	бейсбол	beysbol
baseballspeler (de)	бейсболчи	beysbolchi
voetbal (het)	футбол	futbol
voetballer (de)	футболчи	futbolchi
doelman (de)	дарвозабон	darvozabon
hockey (het)	хоккей	xokkey
hockeyspeler (de)	хоккейчи	xokkeychi
volleybal (het)	волейбол	voleybol
volleybalspeler (de)	волейболчи	voleybolchi
boksen (het)	бокс	boks
bokser (de)	боксчи	bokschi
worstelen (het)	кураш	kurash
worstelaar (de)	курашчи	kurashchi
karate (de)	карате	karate
karateka (de)	каратечи	karatechi
judo (de)	дзюдо	dzyudo
judoka (de)	дзюдочи	dzyudochi
tennis (het)	теннис	tennis
tennisspeler (de)	теннисчи	tennischi
zwemmen (het)	сузиш	suzish
zwemmer (de)	сузувчи	suzuvchi
schermen (het)	қиличбозлик	qilichbozlik
schermer (de)	қиличбоз	qilichboz
schaak (het)	шахмат	shaxmat
schaker (de)	шахматчи	shaxmatchi
alpinisme (het)	алпинизм	alpinizm
alpinist (de)	алпинист	alpinist
hardlopen (het)	югуриш	yugurish

renner (de)	югурувчи	yuguruvchi
atletiek (de)	енгил атлетика	engil atletika
atleet (de)	атлет	atlet

paardensport (de)	от спорти	ot sporti
ruiter (de)	чавандоз	chavandoz

kunstschaatsen (het)	фигурали учиш	figurali uchish
kunstschaatser (de)	фигурист	figurist
kunstschaatsster (de)	фигуристка	figuristka

gewichtheffen (het)	оғир атлетика	og'ir atletika
autoraces (mv.)	автомобил пойгаси	avtomobil poygasi
coureur (de)	пойгачи	poygachi

wielersport (de)	велосипед спорти	velosiped sporti
wielrenner (de)	велосипедчи	velosipedchi

verspringen (het)	узунликка сакраш	uzunlikka sakrash
polsstokspringen (het)	лангарчўп билан сакраш	langarcho'p bilan sakrash
verspringer (de)	сакровчи	sakrovchi

114. Soorten sporten. Diversen

Amerikaans voetbal (het)	америка футболи	amerika futboli
badminton (het)	бадминтон	badminton
biatlon (de)	биатлон	biatlon
biljart (het)	билярд	bilyard

bobsleeën (het)	бобслей	bobsley
bodybuilding (de)	бодибилдинг	bodibilding
waterpolo (het)	сув полоси	suv polosi
handbal (de)	гандбол	gandbol
golf (het)	голф	golf

roeisport (de)	ешкак ешиш	eshkak eshish
duiken (het)	дайвинг	dayving
langlaufen (het)	чанғи пойгаси	chang'i poygasi
tafeltennis (het)	стол тенниси	stol tennisi

zeilen (het)	елканли қайиқ спорти	elkanli qayiq sporti
rally (de)	ралли	ralli
rugby (het)	регби	regbi
snowboarden (het)	сноуборд	snoubord
boogschieten (het)	камон отиш	kamon otish

115. Fitnessruimte

lange halter (de)	штанга	shtanga
halters (mv.)	гантеллар	gantellar
training machine (de)	тренажёр	trenajyor
hometrainer (de)	велотренажёр	velotrenajyor

loopband (de)	югуриш йўлкаси	yugurish yo'lkasi
rekstok (de)	тўсин	to'sin
brug (de) gelijke leggers	параллел бруслар	parallel bruslar
paardsprong (de)	от	ot
mat (de)	мат	mat

springtouw (het)	скакалка	skakalka
aerobics (de)	аэробика	aerobika
yoga (de)	ёга	yoga

116. Sporten. Diversen

Olympische Spelen (mv.)	Олимпия ўйинлари	Olimpiya o'yinlari
winnaar (de)	ғолиб	g'olib
overwinnen (ww)	ғалаба қозонмоқ	g'alaba qozonmoq
winnen (ww)	ютмоқ	yutmoq

leider (de)	пешқадам	peshqadam
leiden (ww)	пешқадамлик қилмоқ	peshqadamlik qilmoq

eerste plaats (de)	биринчи ўрин	birinchi o'rin
tweede plaats (de)	иккинчи ўрин	ikkinchi o'rin
derde plaats (de)	учинчи ўрин	uchinchi o'rin

medaille (de)	медал	medal
trofee (de)	соврин	sovrin
beker (de)	кубок	kubok
prijs (de)	соврин	sovrin
hoofdprijs (de)	бош соврин	bosh sovrin

record (het)	рекорд	rekord
een record breken	рекорд қўймоқ	rekord qo'ymoq

finale (de)	финал	final
finale (bn)	финал, якунловчи	final, yakunlovchi

kampioen (de)	чемпион	chempion
kampioenschap (het)	чемпионат	chempionat

stadion (het)	стадион	stadion
tribune (de)	трибуна	tribuna
fan, supporter (de)	ишқибоз	ishqiboz
tegenstander (de)	рақиб	raqib

start (de)	старт	start
finish (de)	финиш	finish

nederlaag (de)	мағлубият	mag'lubiyat
verliezen (ww)	ютқизмоқ	yutqizmoq

rechter (de)	ҳакам	hakam
jury (de)	жюри	jyuri
stand (~ is 3-1)	ҳисоб	hisob
gelijkspel (het)	дуранг	durang

in gelijk spel eindigen	дуранг ўйнамоқ	durang o'ynamoq
punt (het)	очко	ochko
uitslag (de)	натижа	natija
pauze (de)	танаффус	tanaffus
doping (de)	допинг	doping
straffen (ww)	жарима белгиламоқ	jarima belgilamoq
diskwalificeren (ww)	дисквалификация қилмоқ	diskvalifikatsiya qilmoq
toestel (het)	снаряд, анжом	snaryad, anjom
speer (de)	найза	nayza
kogel (de)	ядро	yadro
bal (de)	шар	shar
doel (het)	мўлжал	mo'ljal
schietkaart (de)	нишон	nishon
schieten (ww)	отмоқ	otmoq
precies (bijv. precieze schot)	аниқ	aniq
trainer, coach (de)	тренер	trener
trainen (ww)	машқ қилдирмоқ	mashq qildirmoq
zich trainen (ww)	машқ қилмоқ	mashq qilmoq
training (de)	машқ қилиш	mashq qilish
gymnastiekzaal (de)	спорт зали	sport zali
oefening (de)	машқ	mashq
opwarming (de)	чигил ёзиш	chigil yozish

Onderwijs

117. School

school (de)	мактаб	maktab
schooldirecteur (de)	мактаб директори	maktab direktori
leerling (de)	ўқувчи	o'quvchi
leerlinge (de)	ўқувчи қиз	o'quvchi qiz
scholier (de)	ўқувчи	o'quvchi
scholiere (de)	ўқувчи қиз	o'quvchi qiz
leren (lesgeven)	ўқитмоқ	o'qitmoq
studeren (bijv. een taal ~)	ўқимоқ	o'qimoq
van buiten leren	ёдламоқ	yodlamoq
leren (bijv. ~ tellen)	ўрганмоқ	o'rganmoq
in school zijn	ўқимоқ	o'qimoq
(schooljongen zijn)		
naar school gaan	мактабга бормоқ	maktabga bormoq
alfabet (het)	алифбе	alifbe
vak (schoolvak)	дарс, фан	dars, fan
klaslokaal (het)	синф	sinf
les (de)	дарс	dars
pauze (de)	танаффус	tanaffus
bel (de)	қўнғироқ	qo'ng'iroq
schooltafel (de)	парта	parta
schoolbord (het)	доска	doska
cijfer (het)	баҳо	baho
goed cijfer (het)	яхши баҳо	yaxshi baho
slecht cijfer (het)	ёмон баҳо	yomon baho
een cijfer geven	баҳо қўймоқ	baho qo'ymoq
fout (de)	хато	xato
fouten maken	хатолар қилмоқ	xatolar qilmoq
corrigeren (fouten ~)	тўғриламоқ	to'g'rilamoq
spiekbriefje (het)	шпаргалка	shpargalka
huiswerk (het)	уй вазифаси	uy vazifasi
oefening (de)	машқ	mashq
aanwezig zijn (ww)	қатнашмоқ	qatnashmoq
absent zijn (ww)	қатнашмаслик	qatnashmaslik
school verzuimen	дарсларни қолдирмоқ	darslarni qoldirmoq
bestraffen (een stout kind ~)	жазоламоқ	jazolamoq
bestraffing (de)	жазо	jazo

gedrag (het)	хулқ	xulq
cijferlijst (de)	кундалик	kundalik
potlood (het)	қалам	qalam
gom (de)	ўчирғич	o'chirg'ich
krijt (het)	бўр	bo'r
pennendoos (de)	пенал	penal
boekentas (de)	портфел	portfel
pen (de)	ручка	ruchka
schrift (de)	дафтар	daftar
leerboek (het)	дарслик	darslik
passer (de)	сиркул	sirkul
technisch tekenen (ww)	чизмоқ	chizmoq
technische tekening (de)	чизма	chizma
gedicht (het)	шеър	she'r
van buiten (bw)	ёддан	yoddan
van buiten leren	ёдламоқ	yodlamoq
vakantie (de)	таътил	ta'til
met vakantie zijn	таътилда бўлмоқ	ta'tilda bo'lmoq
vakantie doorbrengen	таътилни ўтказмоқ	ta'tilni o'tkazmoq
toets (schriftelijke ~)	назорат иши	nazorat ishi
opstel (het)	иншо	insho
dictee (het)	диктант	diktant
examen (het)	имтиҳон	imtihon
examen afleggen	имтиҳон топширмоқ	imtihon topshirmoq
experiment (het)	тажриба	tajriba

118. Hogeschool. Universiteit

academie (de)	академия	akademiya
universiteit (de)	университет	universitet
faculteit (de)	факултет	fakultet
student (de)	студент	student
studente (de)	студент	student
leraar (de)	ўқитувчи	o'qituvchi
collegezaal (de)	аудитория, дарсхона	auditoriya, darsxona
afgestudeerde (de)	битирувчи	bitiruvchi
diploma (het)	диплом	diplom
dissertatie (de)	диссертация	dissertatsiya
onderzoek (het)	тадқиқот	tadqiqot
laboratorium (het)	лаборатория	laboratoriya
college (het)	лекция	lektsiya
medestudent (de)	курсдош	kursdosh
studiebeurs (de)	стипендия	stipendiya
academische graad (de)	илмий даража	ilmiy daraja

119. Wetenschappen. Disciplines

wiskunde (de)	математика	matematika
algebra (de)	алгебра	algebra
meetkunde (de)	геометрия	geometriya
astronomie (de)	астрономия	astronomiya
biologie (de)	биология	biologiya
geografie (de)	география	geografiya
geologie (de)	геология	geologiya
geschiedenis (de)	тарих	tarix
geneeskunde (de)	медицина	meditsina
pedagogiek (de)	педагогика	pedagogika
rechten (mv.)	ҳуқуқ	huquq
fysica, natuurkunde (de)	физика	fizika
scheikunde (de)	кимё	kimyo
filosofie (de)	фалсафа	falsafa
psychologie (de)	психология	psixologiya

120. Schrift. Spelling

grammatica (de)	грамматика	grammatika
vocabulaire (het)	лексика	leksika
fonetiek (de)	фонетика	fonetika
zelfstandig naamwoord (het)	от	ot
bijvoeglijk naamwoord (het)	сифат	sifat
werkwoord (het)	феъл	fe'l
bijwoord (het)	равиш	ravish
voornaamwoord (het)	олмош	olmosh
tussenwerpsel (het)	ундов сўз	undov so'z
voorzetsel (het)	олд кўмакчи	old ko'makchi
stam (de)	сўз ўзаги	so'z o'zagi
achtervoegsel (het)	тугалланма	tugallanma
voorvoegsel (het)	олд қўшимча	old qo'shimcha
lettergreep (de)	бўғин	bo'g'in
achtervoegsel (het)	сўз ясовчи қўшимча	so'z yasovchi qo'shimcha
nadruk (de)	урғу	urg'u
afkappingsteken (het)	ажратиш белгиси	ajratish belgisi
punt (de)	нуқта	nuqta
komma (de/het)	вергул	vergul
puntkomma (de)	нуқтали вергул	nuqtali vergul
dubbelpunt (de)	қўш нуқта	qo'sh nuqta
beletselteken (het)	кўп нуқта	ko'p nuqta
vraagteken (het)	сўроқ белгиси	so'roq belgisi
uitroepteken (het)	ундов белгиси	undov belgisi

aanhalingstekens (mv.)	қўштирноқ	qo'shtirnoq
tussen aanhalingstekens (bw)	қўштирноқ ичида	qo'shtirnoq ichida
haakjes (mv.)	қавс	qavs
tussen haakjes (bw)	қавс ичида	qavs ichida

streepje (het)	дефис	defis
gedachtestreepje (het)	тире	tire
spatie	оралиқ	oraliq
(~ tussen twee woorden)		

letter (de)	ҳарф	harf
hoofdletter (de)	бош ҳарф	bosh harf

klinker (de)	унли товуш	unli tovush
medeklinker (de)	ундош товуш	undosh tovush

zin (de)	гап	gap
onderwerp (het)	ега	ega
gezegde (het)	кесим	kesim

regel (in een tekst)	сатр	satr
op een nieuwe regel (bw)	янги сатрдан	yangi satrdan
alinea (de)	абзац	abzats

woord (het)	сўз	so'z
woordgroep (de)	сўз бирикмаси	so'z birikmasi
uitdrukking (de)	ифода	ifoda
synoniem (het)	синоним	sinonim
antoniem (het)	антоним	antonim

regel (de)	қоида	qoida
uitzondering (de)	истисно	istisno
correct (bijv. ~e spelling)	тўғри	to'g'ri

vervoeging, conjugatie (de)	тусланиш	tuslanish
verbuiging, declinatie (de)	турланиш	turlanish
naamval (de)	келишик	kelishik
vraag (de)	савол	savol
onderstrepen (ww)	тагига чизмоқ	tagiga chizmoq
stippellijn (de)	пунктир	punktir

121. Vreemde talen

taal (de)	тил	til
vreemd (bn)	чет	chet
leren (bijv. van buiten ~)	ўрганмоқ	o'rganmoq
studeren (Nederlands ~)	ўрганмоқ	o'rganmoq

lezen (ww)	ўқимоқ	o'qimoq
spreken (ww)	гапирмоқ	gapirmoq
begrijpen (ww)	тушунмоқ	tushunmoq
schrijven (ww)	ёзмоқ	yozmoq
snel (bw)	тез	tez
langzaam (bw)	секин	sekin

vloeiend (bw)	еркин	erkin
regels (mv.)	қоидалар	qoidalar
grammatica (de)	грамматика	grammatika
vocabulaire (het)	лексика	leksika
fonetiek (de)	фонетика	fonetika
leerboek (het)	дарслик	darslik
woordenboek (het)	луғат	lug'at
leerboek (het) voor zelfstudie	мустақил ўрганиш учун қўлланма	mustaqil o'rganish uchun qo'llanma
taalgids (de)	сўзлашув китоби	so'zlashuv kitobi
cassette (de)	кассета	kasseta
videocassette (de)	видеокассета	videokasseta
CD (de)	СД-диск	CD-disk
DVD (de)	ДВД-диск	DVD-disk
alfabet (het)	алифбе	alifbe
spellen (ww)	ҳарфлаб гапирмоқ	harflab gapirmoq
uitspraak (de)	талаффуз	talaffuz
accent (het)	акцент	aktsent
met een accent (bw)	акценциз	aktsentsiz
zonder accent (bw)	акцент билан	aktsent bilan
woord (het)	сўз	so'z
betekenis (de)	маъно	ma'no
cursus (de)	курслар	kurslar
zich inschrijven (ww)	ёзилмоқ	yozilmoq
leraar (de)	ўқитувчи	o'qituvchi
vertaling (een ~ maken)	таржима	tarjima
vertaling (tekst)	таржима	tarjima
vertaler (de)	таржимон	tarjimon
tolk (de)	таржимон	tarjimon
polyglot (de)	полиглот	poliglot
geheugen (het)	хотира	xotira

122. Sprookjesfiguren

Sinterklaas (de)	Санта Клаус	Santa Klaus
Assepoester (de)	Золушка	Zolushka
zeemeermin (de)	сув париси	suv parisi
Neptunus (de)	Нептун	Neptun
magiër, tovenaar (de)	сеҳргар	sehrgar
goede heks (de)	сеҳргар	sehrgar
magisch (bn)	сеҳрли	sehrli
toverstokje (het)	сеҳрли таёқча	sehrli tayoqcha
sprookje (het)	ертак	ertak
wonder (het)	мўъжиза	mo'jiza

dwerg (de)	гном	gnom
veranderen in … (anders worden)	… га айланмоқ	… ga aylanmoq
geest (de)	арвоҳ	arvoh
spook (het)	кўланка	ko'lanka
monster (het)	махлуқ	maxluq
draak (de)	аждаҳо	ajdaho
reus (de)	девқомат одам	devqomat odam

123. Dierenriem

Ram (de)	Қўй	Qo'y
Stier (de)	Бузоқ	Buzoq
Tweelingen (mv.)	Егизаклар	Egizaklar
Kreeft (de)	Қисқичбақа	Qisqichbaqa
Leeuw (de)	Шер	Sher
Maagd (de)	Паризод	Parizod
Weegschaal (de)	Тарози	Tarozi
Schorpioen (de)	Чаён	Chayon
Boogschutter (de)	ўқчи	o'qchi
Steenbok (de)	Така	Taka
Waterman (de)	Далв	Dalv
Vissen (mv.)	Балиқ	Baliq
karakter (het)	феъл-атвор	fe'l-atvor
karaktertrekken (mv.)	феъл-атвор хусусиятлари	fe'l-atvor xususiyatlari
gedrag (het)	хулқ	xulq
waarzeggen (ww)	фол очмоқ	fol ochmoq
waarzegster (de)	фолбин хотин	folbin xotin
horoscoop (de)	гороскоп	goroskop

Kunst

124. Theater

theater (het)	театр	teatr
opera (de)	опера	opera
operette (de)	оперетта	operetta
ballet (het)	балет	balet

affiche (de/het)	афиша	afisha
theatergezelschap (het)	труппа	truppa
tournee (de)	гастроллар	gastrollar
op tournee zijn	гастролга чиқмоқ	gastrolga chiqmoq
repeteren (ww)	репетиция қилмоқ	repetitsiya qilmoq
repetitie (de)	репетиция	repetitsiya
repertoire (het)	репертуар	repertuar

voorstelling (de)	томоша	tomosha
spektakel (het)	спектакл	spektakl
toneelstuk (het)	песа	pesa

biljet (het)	чипта	chipta
kassa (de)	чипта кассаси	chipta kassasi
foyer (de)	холл	xoll
garderobe (de)	гардероб	garderob
garderobe nummer (het)	рақамча	raqamcha
verrekijker (de)	дурбин	durbin
plaatsaanwijzer (de)	назоратчи	nazoratchi

parterre (de)	партер	parter
balkon (het)	балкон	balkon
gouden rang (de)	белетаж	beletaj
loge (de)	ложа	loja
rij (de)	қатор	qator
plaats (de)	ўрин	o'rin

publiek (het)	томошабинлар	tomoshabinlar
kijker (de)	томошабин	tomoshabin
klappen (ww)	қарсак чалмоқ	qarsak chalmoq
applaus (het)	қарсаклар	qarsaklar
ovatie (de)	гулдурос қарсаклар	gulduros qarsaklar

toneel (op het ~ staan)	саҳна	sahna
gordijn, doek (het)	парда	parda
toneeldecor (het)	декорация	dekoratsiya
backstage (de)	саҳнадаги ён декорация	sahnadagi yon dekoratsiya

scène (de)	кўриниш	ko'rinish
bedrijf (het)	парда	parda
pauze (de)	антракт	antrakt

125. Bioscoop

acteur (de)	актёр	aktyor
actrice (de)	актриса	aktrisa
bioscoop (de)	кино	kino
speelfilm (de)	кинофилм	kinofilm
aflevering (de)	серия	seriya
detectivefilm (de)	детектив	detektiv
actiefilm (de)	довруғи кетган кинофилм	dovrug'i ketgan kinofilm
avonturenfilm (de)	саргузашт филм	sarguzasht film
sciencefictionfilm (de)	фантастик филм	fantastik film
griezelfilm (de)	даҳшатли филм	dahshatli film
komedie (de)	кинокомедия	kinokomediya
melodrama (het)	мелодрама	melodrama
drama (het)	драма	drama
speelfilm (de)	бадиий филм	badiiy film
documentaire (de)	хужжатли филм	hujjatli film
tekenfilm (de)	мултфилм	multfilm
stomme film (de)	овозсиз кино	ovozsiz kino
rol (de)	рол	rol
hoofdrol (de)	бош рол	bosh rol
spelen (ww)	ўйнамоқ	o'ynamoq
filmster (de)	кино юлдузи	kino yulduzi
bekend (bn)	таниқли	taniqli
beroemd (bn)	машҳур	mashhur
populair (bn)	оммабоп	ommabop
scenario (het)	сценарий	stsenariy
scenarioschrijver (de)	сценарийчи	stsenariychi
regisseur (de)	режиссёр	rejissyor
filmproducent (de)	продюсер	prodyuser
assistent (de)	ассистент	assistent
cameraman (de)	оператор	operator
stuntman (de)	каскадёр	kaskadyor
een film maken	филмни суратга олмоқ	filmni suratga olmoq
auditie (de)	синовлар	sinovlar
opnamen (mv.)	суратга олиш	suratga olish
filmploeg (de)	суратга олиш гуруҳи	suratga olish guruhi
filmset (de)	суратга олиш майдончаси	suratga olish maydonchasi
filmcamera (de)	кинокамера	kinokamera
bioscoop (de)	кинотеатр	kinoteatr
scherm (het)	екран	ekran
een film vertonen	филмни намойиш қилмоқ	filmni namoyish qilmoq
geluidsspoor (de)	товуш йўлкачаси	tovush yo'lkachasi
speciale effecten (mv.)	махсус еффектлар	maxsus effektlar
ondertiteling (de)	субтитрлар	subtitrlar

| voortiteling, aftiteling (de) | титрлар | titrlar |
| vertaling (de) | таржима | tarjima |

126. Schilderij

kunst (de)	санъат	san'at
schone kunsten (mv.)	нафис санъат	nafis san'at
kunstgalerie (de)	галерея	galereya
kunsttentoonstelling (de)	расмлар кўргазмаси	rasmlar ko'rgazmasi

schilderkunst (de)	рассомлик	rassomlik
grafiek (de)	графика	grafika
abstracte kunst (de)	абстракционизм	abstraktsionizm
impressionisme (het)	импрессионизм	impressionizm

schilderij (het)	расм, сурат	rasm, surat
tekening (de)	расм	rasm
poster (de)	плакат	plakat

illustratie (de)	иллюстрация	illyustratsiya
miniatuur (de)	миниатюра	miniatyura
kopie (de)	нусха	nusxa
reproductie (de)	репродукция	reproduktsiya

mozaïek (het)	мозаика	mozaika
gebrandschilderd glas (het)	витраж	vitraj
fresco (het)	фреска	freska
gravure (de)	гравюра	gravyura

buste (de)	бюст	byust
beeldhouwwerk (het)	ҳайкал	haykal
beeld (bronzen ~)	ҳайкал	haykal
gips (het)	гипс	gips
gipsen (bn)	гипсдан	gipsdan

portret (het)	портрет	portret
zelfportret (het)	автопортрет	avtoportret
landschap (het)	манзара	manzara
stilleven (het)	натюрморт	natyurmort
karikatuur (de)	карикатура	karikatura
schets (de)	хомаки лойиҳа	xomaki loyiha

verf (de)	бўёқ	bo'yoq
aquarel (de)	акварел бўёқ	akvarel bo'yoq
olieverf (de)	мойбўёқ	moybo'yoq
potlood (het)	қалам	qalam
Oostindische inkt (de)	туш	tush
houtskool (de)	кўмир	ko'mir

schilderen (ww)	расм чизмоқ	rasm chizmoq
poseren (ww)	бирор қиёфада турмоқ	biror qiyofada turmoq
naaktmodel (man)	натурачи	naturachi
naaktmodel (vrouw)	натурачи	naturachi
kunstenaar (de)	рассом	rassom

kunstwerk (het)	асар	asar
meesterwerk (het)	шох асар	shoh asar
studio, werkruimte (de)	устахона	ustaxona

schildersdoek (het)	холст	xolst
schildersezel (de)	молберт	molbert
palet (het)	палитра	palitra

lijst (een vergulde ~)	рамка	ramka
restauratie (de)	реставрация	restavratsiya
restaureren (ww)	реставрация килмок	restavratsiya qilmoq

127. Literatuur & Poëzie

literatuur (de)	адабиёт	adabiyot
auteur (de)	муаллиф	muallif
pseudoniem (het)	тахаллус	taxallus

boek (het)	китоб	kitob
boekdeel (het)	жилд	jild
inhoudsopgave (de)	мундарижа	mundarija
pagina (de)	сахифа	sahifa
hoofdpersoon (de)	бош кахрамон	bosh qahramon
handtekening (de)	дастхат	dastxat

verhaal (het)	хикоя	hikoya
novelle (de)	кисса	qissa
roman (de)	роман	roman
werk (literatuur)	асар	asar
fabel (de)	масал	masal
detectiveroman (de)	детектив	detektiv

gedicht (het)	шеър	she'r
poëzie (de)	шеърият	she'riyat
epos (het)	достон	doston
dichter (de)	шоир	shoir

fictie (de)	беллетристика	belletristika
sciencefiction (de)	илмий фантастика	ilmiy fantastika
avonturenroman (de)	саргузашт	sarguzasht
opvoedkundige literatuur (de)	ўкув адабиёти	o'quv adabiyoti
kinderliteratuur (de)	болалар адабиёти	bolalar adabiyoti

128. Circus

circus (de/het)	сирк	sirk
chapiteau circus (de/het)	сирк-шапито	sirk-shapito
programma (het)	дастур	dastur
voorstelling (de)	томоша	tomosha

| nummer (circus ~) | номер | nomer |
| arena (de) | арена | arena |

| pantomime (de) | пантомима | pantomima |
| clown (de) | машарабоз | masharaboz |

acrobaat (de)	акробат	akrobat
acrobatiek (de)	акробатика	akrobatika
gymnast (de)	гимнаст	gimnast
gymnastiek (de)	гимнастика	gimnastika
salto (de)	салто	salto

sterke man (de)	атлет	atlet
temmer (de)	бўйсиндирувчи	bo'ysindiruvchi
ruiter (de)	чавандоз	chavandoz
assistent (de)	ассистент	assistent

stunt (de)	хунар	xunar
goocheltruc (de)	фокус	fokus
goochelaar (de)	фокусчи	fokuschi

jongleur (de)	жонглёр	jonglyor
jongleren (ww)	жонглёрлик қилмоқ	jonglyorlik qilmoq
dierentrainer (de)	ҳайвонларни ўргатувчи	hayvonlarni o'rgatuvchi
dressuur (de)	ҳайвонларни ўргатиш	hayvonlarni o'rgatish
dresseren (ww)	ҳайвонларни ўргатмоқ	hayvonlarni o'rgatmoq

129. Muziek. Popmuziek

muziek (de)	мусиқа	musiqa
muzikant (de)	мусиқачи	musiqachi
muziekinstrument (het)	мусиқа асбоби	musiqa asbobi
spelen (bijv. gitaar ~)	... да ўйнамоқ	... da o'ynamoq

gitaar (de)	гитара	gitara
viool (de)	скрипка	skripka
cello (de)	виолончел	violonchel
contrabas (de)	контрабас	kontrabas
harp (de)	арфа	arfa

piano (de)	пианино	pianino
vleugel (de)	роял	royal
orgel (het)	орган	organ

blaasinstrumenten (mv.)	пуфлаб чалинадиган асбоблар	puflab chalinadigan asboblar
hobo (de)	гобой	goboy
saxofoon (de)	саксофон	saksofon
klarinet (de)	кларнет	klarnet
fluit (de)	най	nay
trompet (de)	труба	truba

| accordeon (de/het) | аккордеон | akkordeon |
| trommel (de) | дўмбира | do'mbira |

| duet (het) | дует | duet |
| trio (het) | трио | trio |

kwartet (het)	квартет	kvartet
koor (het)	хор	xor
orkest (het)	оркестр	orkestr

popmuziek (de)	поп-мусиқа	pop-musiqa
rockmuziek (de)	рок-мусиқа	rok-musiqa
rockgroep (de)	рок-гурух	rok-guruh
jazz (de)	джаз	djaz

| idool (het) | санам | sanam |
| bewonderaar (de) | мухлис | muxlis |

concert (het)	концерт	kontsert
symfonie (de)	симфония	simfoniya
compositie (de)	асар	asar
componeren (muziek ~)	ёзмоқ	yozmoq

zang (de)	қўшиқ айтиш	qo'shiq aytish
lied (het)	қўшиқ	qo'shiq
melodie (de)	мелодия	melodiya
ritme (het)	ритм	ritm
blues (de)	блюз	blyuz

bladmuziek (de)	ноталар	notalar
dirigeerstok (baton)	таёқча	tayoqcha
strijkstok (de)	камонча	kamoncha
snaar (de)	тор	tor
koffer (de)	ғилоф	g'ilof

Rusten. Entertainment. Reizen

130. Trip. Reizen

toerisme (het)	туризм	turizm
toerist (de)	сайёҳ	sayyoh
reis (de)	саёҳат	sayohat
avontuur (het)	саргузашт	sarguzasht
tocht (de)	сафарга бориб келиш	safarga borib kelish
vakantie (de)	таътил	ta'til
met vakantie zijn	таътилга чиқмоқ	ta'tilga chiqmoq
rust (de)	дам олиш	dam olish
trein (de)	поезд	poezd
met de trein	поездда	poezdda
vliegtuig (het)	самолёт	samolyot
met het vliegtuig	самолётда	samolyotda
met de auto	автомобилда	avtomobilda
per schip (bw)	кемада	kemada
bagage (de)	юк	yuk
valies (de)	чамадон	chamadon
bagagekarretje (het)	чамадон учун аравача	chamadon uchun aravacha
paspoort (het)	паспорт	pasport
visum (het)	виза	viza
kaartje (het)	чипта	chipta
vliegticket (het)	авиачипта	aviachipta
reisgids (de)	йўлкўрсаткич	yo'lko'rsatkich
kaart (de)	харита	xarita
gebied (landelijk ~)	жой	joy
plaats (de)	жой	joy
exotische bestemming (de)	екзотика	ekzotika
exotisch (bn)	екзотик	ekzotik
verwonderlijk (bn)	ажойиб	ajoyib
groep (de)	гуруҳ	guruh
rondleiding (de)	экскурсия	ekskursiya
gids (de)	экскурсия раҳбари	ekskursiya rahbari

131. Hotel

hotel (het)	меҳмонхона	mehmonxona
motel (het)	мотел	motel
3-sterren	уч юлдуз	uch yulduz

| 5-sterren | беш юлдуз | besh yulduz |
| overnachten (ww) | тўхтамоқ | to'xtamoq |

kamer (de)	номер, хона	nomer, xona
eenpersoonskamer (de)	бир ўринли номер	bir o'rinli nomer
tweepersoonskamer (de)	икки ўринли номер	ikki o'rinli nomer
een kamer reserveren	номерни банд қилмоқ	nomerni band qilmoq

| halfpension (het) | ярим пансион | yarim pansion |
| volpension (het) | тўлиқ пансион | to'liq pansion |

met badkamer	ваннаси билан	vannasi bilan
met douche	души билан	dushi bilan
satelliet-tv (de)	спутник телевиденияси	sputnik televideniyasi
airconditioner (de)	кондиционер	konditsioner
handdoek (de)	сочиқ	sochiq
sleutel (de)	калит	kalit

administrateur (de)	маъмур	ma'mur
kamermeisje (het)	ходима	xodima
piccolo (de)	ҳаммол	hammol
portier (de)	порте	porte

restaurant (het)	ресторан	restoran
bar (de)	бар	bar
ontbijt (het)	нонушта	nonushta
avondeten (het)	кечки овқат	kechki ovqat
buffet (het)	швед столи	shved stoli

| hal (de) | вестибюл | vestibyul |
| lift (de) | лифт | lift |

| NIET STOREN | БЕЗОВТА ҚИЛИНМАСИН! | BEZOVTA QILINMASIN! |
| VERBODEN TE ROKEN! | СҲЕКИЛМАСИН! | CHEKILMASIN! |

132. Boeken. Lezen

boek (het)	китоб	kitob
auteur (de)	муаллиф	muallif
schrijver (de)	ёзувчи	yozuvchi
schrijven (een boek)	ёзмоқ	yozmoq

lezer (de)	китобхон	kitobxon
lezen (ww)	ўқимоқ	o'qimoq
lezen (het)	ўқиш	o'qish

| stil (~ lezen) | ичида | ichida |
| hardop (~ lezen) | овоз чиқариб | ovoz chiqarib |

uitgeven (boek ~)	нашр қилмоқ	nashr qilmoq
uitgeven (het)	нашр	nashr
uitgever (de)	ношир	noshir
uitgeverij (de)	нашриёт	nashriyot
verschijnen (bijv. boek)	чиқмоқ	chiqmoq

verschijnen (het)	чиқиш	chiqish
oplage (de)	тираж	tiraj
boekhandel (de)	китоб дўкони	kitob do'koni
bibliotheek (de)	кутубхона	kutubxona
novelle (de)	қисса	qissa
verhaal (het)	ҳикоя	hikoya
roman (de)	роман	roman
detectiveroman (de)	детектив	detektiv
memoires (mv.)	мемуарлар	memuarlar
legende (de)	ривоят	rivoyat
mythe (de)	афсона	afsona
gedichten (mv.)	шеър	she'r
autobiografie (de)	таржимаи ҳол	tarjimai hol
bloemlezing (de)	сайланма	saylanma
sciencefiction (de)	илмий фантастика	ilmiy fantastika
naam (de)	номи	nomi
inleiding (de)	кириш	kirish
voorblad (het)	титул варағи	titul varag'i
hoofdstuk (het)	боб	bob
fragment (het)	парча	parcha
episode (de)	епизод	epizod
intrige (de)	сюжет	syujet
inhoud (de)	мундарижа	mundarija
inhoudsopgave (de)	мундарижа	mundarija
hoofdpersonage (het)	бош қаҳрамон	bosh qahramon
boekdeel (het)	жилд	jild
omslag (de/het)	муқова	muqova
boekband (de)	муқовалаш	muqovalash
bladwijzer (de)	хатчўп	xatcho'p
pagina (de)	саҳифа	sahifa
bladeren (ww)	варақлаш	varaqlash
marges (mv.)	ҳошия	hoshiya
annotatie (de)	белги	belgi
opmerking (de)	изоҳ	izoh
tekst (de)	матн	matn
lettertype (het)	шрифт	shrift
drukfout (de)	теришда йўл қўйилган хато	terishda yo'l qo'yilgan xato
vertaling (de)	таржима	tarjima
vertalen (ww)	таржима қилмоқ	tarjima qilmoq
origineel (het)	асл	asl
beroemd (bn)	машҳур	mashhur
onbekend (bn)	номаълум	noma'lum
interessant (bn)	қизиқарли	qiziqarli

bestseller (de)	бесцеллер	bestseller
woordenboek (het)	луғат	lug'at
leerboek (het)	дарслик	darslik
encyclopedie (de)	енциклопедия	entsiklopediya

133. Jacht. Vissen

jacht (de)	ов	ov
jagen (ww)	ов қилмоқ	ov qilmoq
jager (de)	овчи	ovchi

schieten (ww)	отмоқ	otmoq
geweer (het)	милтиқ	miltiq
patroon (de)	патрон	patron
hagel (de)	питра	pitra

val (de)	қопқон	qopqon
valstrik (de)	тузоқ	tuzoq
in de val trappen	қопқонга тушмоқ	qopqonga tushmoq
een val zetten	қопқон қўймоқ	qopqon qo'ymoq

stroper (de)	браконер	brakoner
wild (het)	илвасин	ilvasin
jachthond (de)	овчи ит	ovchi it
safari (de)	сафари	safari
opgezet dier (het)	тулум	tulum

visser (de)	балиқчи	baliqchi
visvangst (de)	балиқ ови	baliq ovi
vissen (ww)	балиқ овламоқ	baliq ovlamoq

hengel (de)	қармоқ	qarmoq
vislijn (de)	қармоқ ипи	qarmoq ipi
haak (de)	илгак	ilgak
dobber (de)	пўкак	po'kak
aas (het)	хўрак	xo'rak

| de hengel uitwerpen | қармоқ ташламоқ | qarmoq tashlamoq |
| bijten (ov. de vissen) | чўқиламоқ | cho'qilamoq |

| vangst (de) | овланган нарсалар | ovlangan narsalar |
| wak (het) | муздаги ўйиқ | muzdagi o'yiq |

| net (het) | тўр | to'r |
| boot (de) | қайиқ | qayiq |

vissen met netten	тўр билан овламоқ	to'r bilan ovlamoq
het net uitwerpen	тўр ташламоқ	to'r tashlamoq
het net binnenhalen	тўрни кўтармоқ	to'rni ko'tarmoq
in het net vallen	тўрга илинмоқ	to'rga ilinmoq

walvisvangst (de)	кит овловчи	kit ovlovchi
walvisvaarder (de)	кит овловчи кема	kit ovlovchi kema
harpoen (de)	гарпун	garpun

134. Spellen. Biljart

biljart (het)	билярд	bilyard
biljartzaal (de)	билярдхона	bilyardxona
biljartbal (de)	билярд шари	bilyard shari
een bal in het gat jagen	шарни уриб киритмоқ	sharni urib kiritmoq
keu (de)	кий	kiy
gat (het)	луза	luza

135. Spellen. Speelkaarten

ruiten (mv.)	ғиштин	g'ishtin
schoppen (mv.)	қарға	qarg'a
klaveren (mv.)	таппон	tappon
harten (mv.)	чиллик	chillik
aas (de)	туз	tuz
koning (de)	қирол	qirol
dame (de)	мотка	motka
boer (de)	саллот	sallot
speelkaart (de)	қарта	qarta
kaarten (mv.)	қарталар	qartalar
troef (de)	кузир	kuzir
pak (het) kaarten	қарта дастаси	qarta dastasi
punt (bijv. vijftig ~en)	очко	ochko
uitdelen (kaarten ~)	улашмоқ	ulashmoq
schudden (de kaarten ~)	чийламоқ	chiylamoq
beurt (de)	юриш	yurish
valsspeler (de)	ғирром	g'irrom

136. Rusten. Spellen. Diversen

wandelen (on.ww.)	сайр қилмоқ	sayr qilmoq
wandeling (de)	сайр	sayr
trip (per auto)	сайр	sayr
avontuur (het)	саргузашт	sarguzasht
picknick (de)	боғ сайри	bog' sayri
spel (het)	ўйин	o'yin
speler (de)	ўйинчи	o'yinchi
partij (de)	партия	partiya
collectioneur (de)	коллекционер	kollektsioner
collectioneren (ww)	коллекция йиғмоқ	kollektsiya yig'moq
collectie (de)	коллекция	kollektsiya
kruiswoordraadsel (het)	кроссворд	krossvord
hippodroom (de)	ипподром	ippodrom

discotheek (de)	дискотека	diskoteka
sauna (de)	сауна	sauna
loterij (de)	лотерея	lotereya

trektocht (kampeertocht)	сафар	safar
kamp (het)	қароргоҳ	qarorgoh
tent (de)	чодир	chodir
kompas (het)	компас	kompas
rugzaktoerist (de)	турист	turist

bekijken (een film ~)	кўрмоқ	ko'rmoq
kijker (televisie~)	телетомошабин	teletomoshabin
televisie-uitzending (de)	телеешиттириш	teleeshittirish

137. Fotografie

| fotocamera (de) | фотоаппарат | fotoapparat |
| foto (de) | фото | foto |

fotograaf (de)	фотосуратчи	fotosuratchi
fotostudio (de)	фотостудия	fotostudiya
fotoalbum (het)	фотоалбом	fotoalbom

lens (de), objectief (het)	объектив	ob'ektiv
telelens (de)	телеобъектив	teleob'ektiv
filter (de/het)	филтр	filtr
lens (de)	линза	linza

optiek (de)	оптика	optika
diafragma (het)	диафрагма	diafragma
belichtingstijd (de)	видержка	viderjka
zoeker (de)	видоискател	vidoiskatel

digitale camera (de)	рақамли камера	raqamli kamera
statief (het)	штатив	shtativ
flits (de)	вспишка	vspishka

fotograferen (ww)	фотосурат олмоқ	fotosurat olmoq
kieken (foto's maken)	суратга олмоқ	suratga olmoq
zich laten fotograferen	суратга тушмоқ	suratga tushmoq

focus (de)	равшанлик	ravshanlik
scherpstellen (ww)	равшанликни созлаш	ravshanlikni sozlash
scherp (bn)	равшан	ravshan
scherpte (de)	равшанлик	ravshanlik

| contrast (het) | контраст | kontrast |
| contrastrijk (bn) | контрастли | kontrastli |

kiekje (het)	сурат	surat
negatief (het)	негатив	negativ
filmpje (het)	фотоплёнка	fotoplyonka
beeld (frame)	кадр	kadr
afdrukken (foto's ~)	босмоқ	bosmoq

138. Strand. Zwemmen

strand (het)	пляж	plyaj
zand (het)	қум	qum
leeg (~ strand)	чўлга ўхшаган	cho'lga o'xshagan
bruine kleur (de)	офтобда қорайиш	oftobda qorayish
zonnebaden (ww)	офтобда қораймоқ	oftobda qoraymoq
gebruind (bn)	офтобда қорайган	oftobda qoraygan
zonnecrème (de)	қорайиш учун крем	qorayish uchun krem
bikini (de)	бикини	bikini
badpak (het)	купалник	kupalnik
zwembroek (de)	плавка	plavka
zwembad (het)	ҳовуз	hovuz
zwemmen (ww)	сузмоқ	suzmoq
douche (de)	душ	dush
zich omkleden (ww)	кийим алмаштирмоқ	kiyim almashtirmoq
handdoek (de)	сочиқ	sochiq
boot (de)	қайиқ	qayiq
motorboot (de)	катер	kater
waterski's (mv.)	сув чанғиси	suv chang'isi
waterfiets (de)	сув велосипеди	suv velosipedi
surfen (het)	серфинг	serfing
surfer (de)	серфингчи	serfingchi
scuba, aqualong (de)	акваланг	akvalang
zwemvliezen (mv.)	ласта	lasta
duikmasker (het)	маска	maska
duiker (de)	шўнғувчи	sho'ng'uvchi
duiken (ww)	шўнғимоқ	sho'ng'imoq
onder water (bw)	сув остида	suv ostida
parasol (de)	соябон	soyabon
ligstoel (de)	шезлонг	shezlong
zonnebril (de)	кўзойнак	ko'zoynak
luchtmatras (de/het)	сузиш учун матрац	suzish uchun matrats
spelen (ww)	ўйнамоқ	o'ynamoq
gaan zwemmen (ww)	чўмилмоқ	cho'milmoq
bal (de)	тўп	to'p
opblazen (oppompen)	шиширмоқ	shishirmoq
lucht-, opblaasbare (bn)	шишириладиган	shishiriladigan
golf (hoge ~)	тўлқин	to'lqin
boei (de)	буй	buy
verdrinken (ww)	чўкмоқ	cho'kmoq
redden (ww)	қутқармоқ	qutqarmoq
reddingsvest (de)	қутқарув жилети	qutqaruv jileti
waarnemen (ww)	кузатмоқ	kuzatmoq
redder (de)	қутқарувчи	qutqaruvchi

TECHNISCHE APPARATUUR. VERVOER

Technische apparatuur

139. Computer

computer (de)	компютер	kompyuter
laptop (de)	ноутбук	noutbuk
aanzetten (ww)	ёқмоқ	yoqmoq
uitzetten (ww)	ўчирмоқ	o'chirmoq
toetsenbord (het)	клавиатура	klaviatura
toets (enter~)	клавиша	klavisha
muis (de)	сичқон	sichqon
muismat (de)	гиламча	gilamcha
knopje (het)	тугма	tugma
cursor (de)	курсор	kursor
monitor (de)	монитор	monitor
scherm (het)	екран	ekran
harde schijf (de)	қаттиқ диск	qattiq disk
volume (het)	қаттиқ диск	qattiq disk
van de harde schijf	хотирасининг ҳажми	xotirasining hajmi
geheugen (het)	хотира	xotira
RAM-geheugen (het)	оператив хотира	operativ xotira
bestand (het)	файл	fayl
folder (de)	папка	papka
openen (ww)	очмоқ	ochmoq
sluiten (ww)	ёпмоқ	yopmoq
opslaan (ww)	сақламоқ	saqlamoq
verwijderen (wissen)	йўқ қилмоқ	yo'q qilmoq
kopiëren (ww)	нусха кўчирмоқ	nusxa ko'chirmoq
sorteren (ww)	сараламоқ	saralamoq
overplaatsen (ww)	қайта ёзмоқ	qayta yozmoq
programma (het)	дастур	dastur
software (de)	дастурий таъминот	dasturiy ta'minot
programmeur (de)	дастурчи	dasturchi
programmeren (ww)	дастурлаштирмоқ	dasturlashtirmoq
hacker (computerkraker)	хакер	xaker
wachtwoord (het)	парол	parol
virus (het)	вирус	virus
ontdekken (virus ~)	аниқламоқ	aniqlamoq

| byte (de) | байт | bayt |
| megabyte (de) | мегабайт | megabayt |

| data (de) | маълумотлар | ma'lumotlar |
| databank (de) | маълумотлар базаси | ma'lumotlar bazasi |

kabel (USB-~, enz.)	кабел	kabel
afsluiten (ww)	ажратмоқ	ajratmoq
aansluiten op (ww)	уламоқ	ulamoq

140. Internet. E-mail

internet (het)	интернет	internet
browser (de)	браузер	brauzer
zoekmachine (de)	қидирув ресурси	qidiruv resursi
internetprovider (de)	провайдер	provayder

webmaster (de)	веб-мастер	veb-master
website (de)	веб-сайт	veb-sayt
webpagina (de)	веб-саҳифа	veb-sahifa

| adres (het) | манзил | manzil |
| adresboek (het) | манзил китоби | manzil kitobi |

postvak (het)	почта қутиси	pochta qutisi
post (de)	почта	pochta
vol (~ postvak)	тўлиб кетган	to'lib ketgan

bericht (het)	хабар	xabar
binnenkomende berichten (mv.)	кирувчи хабарлар	kiruvchi xabarlar
uitgaande berichten (mv.)	чиқувчи хабарлар	chiquvchi xabarlar

verzender (de)	юборувчи	yuboruvchi
verzenden (ww)	жўнатмоқ	jo'natmoq
verzending (de)	жўнатиш	jo'natish

| ontvanger (de) | олувчи | oluvchi |
| ontvangen (ww) | олмоқ | olmoq |

| correspondentie (de) | ёзишма | yozishma |
| corresponderen (met ...) | ёзишмоқ | yozishmoq |

bestand (het)	файл	fayl
downloaden (ww)	кўчирмоқ	ko'chirmoq
creëren (ww)	яратмоқ	yaratmoq
verwijderen (een bestand ~)	йўқ қилмоқ	yo'q qilmoq
verwijderd (bn)	йўқ қилинган	yo'q qilingan

verbinding (de)	алоқа	aloqa
snelheid (de)	тезлик	tezlik
modem (de)	модем	modem
toegang (de)	кириш имконияти	kirish imkoniyati
poort (de)	порт	port

aansluiting (de)	**уланиш**	ulanish
zich aansluiten (ww)	**уланмоқ**	ulanmoq
selecteren (ww)	**танламоқ**	tanlamoq
zoeken (ww)	**изламоқ**	izlamoq

Vervoer

141. Vliegtuig

vliegtuig (het)	самолёт	samolyot
vliegticket (het)	авиачипта	aviachipta
luchtvaartmaatschappij (de)	авиакомпания	aviakompaniya
luchthaven (de)	аеропорт	aeroport
supersonisch (bn)	товушдан тез	tovushdan tez
gezagvoerder (de)	кема командири	kema komandiri
bemanning (de)	екипаж	ekipaj
piloot (de)	учувчи	uchuvchi
stewardess (de)	стюардесса	styuardessa
stuurman (de)	штурман	shturman
vleugels (mv.)	қанотлар	qanotlar
staart (de)	дум	dum
cabine (de)	кабина	kabina
motor (de)	двигател	dvigatel
landingsgestel (het)	шасси	shassi
turbine (de)	турбина	turbina
propeller (de)	пропеллер	propeller
zwarte doos (de)	қора яшик	qora yashik
stuur (het)	штурвал	shturval
brandstof (de)	ёқилғи	yoqilg'i
veiligheidskaart (de)	инструкция	instruktsiya
zuurstofmasker (het)	кислород маскаси	kislorod maskasi
uniform (het)	униформа	uniforma
reddingsvest (de)	қутқарув жилети	qutqaruv jileti
parachute (de)	парашют	parashyut
opstijgen (het)	учиш	uchish
opstijgen (ww)	учиб чиқмоқ	uchib chiqmoq
startbaan (de)	учиш майдони	uchish maydoni
zicht (het)	кўриниш	ko'rinish
vlucht (de)	парвоз	parvoz
hoogte (de)	баландлик	balandlik
luchtzak (de)	ҳаво ўпқони	havo o'pqoni
plaats (de)	ўрин	o'rin
koptelefoon (de)	наушниклар	naushniklar
tafeltje (het)	қайтарма столча	qaytarma stolcha
venster (het)	иллюминатор	illyuminator
gangpad (het)	ўтиш йўли	o'tish yo'li

142. Trein

trein (de)	поезд	poezd
elektrische trein (de)	електр поезди	elektr poezdi
sneltrein (de)	тезюрар поезд	tezyurar poezd
diesellocomotief (de)	тепловоз	teplovoz
locomotief (de)	паровоз	parovoz

| rijtuig (het) | вагон | vagon |
| restauratierijtuig (het) | вагон-ресторан | vagon-restoran |

rails (mv.)	релслар	relslar
spoorweg (de)	темир йўл	temir yo'l
dwarsligger (de)	шпала	shpala

perron (het)	платформа	platforma
spoor (het)	йўл	yo'l
semafoor (de)	семафор	semafor
halte (bijv. kleine treinhalte)	станция	stantsiya

machinist (de)	машинист	mashinist
kruier (de)	ҳаммол	hammol
conducteur (de)	проводник	provodnik
passagier (de)	йўловчи	yo'lovchi
controleur (de)	назоратчи	nazoratchi

gang (in een trein)	йўлак	yo'lak
noodrem (de)	стоп-кран	stop-kran
coupé (de)	купе	kupe
bed (slaapplaats)	полка	polka
bovenste bed (het)	юқори полка	yuqori polka
onderste bed (het)	пастки полка	pastki polka
beddengoed (het)	чойшаб	choyshab

kaartje (het)	чипта	chipta
dienstregeling (de)	жадвал	jadval
informatiebord (het)	табло	tablo

vertrekken (De trein vertrekt ...)	жўнамоқ	jo'namoq
vertrek (ov. een trein)	жўнаш	jo'nash
aankomen (ov. de treinen)	етиб келмоқ	etib kelmoq
aankomst (de)	етиб келиш	etib kelish

aankomen per trein	поезда келмоқ	poezda kelmoq
in de trein stappen	поедга ўтирмоқ	poedga o'tirmoq
uit de trein stappen	поезддан тушмоқ	poezddan tushmoq

| treinwrak (het) | ҳалокат | halokat |
| ontspoord zijn | релслардан чиқиб кетмоқ | relslardan chiqib ketmoq |

locomotief (de)	паровоз	parovoz
stoker (de)	ўтёқар	o'tyoqar
stookplaats (de)	ўтхона	o'txona
steenkool (de)	кўмир	ko'mir

143. Schip

schip (het)	кема	kema
vaartuig (het)	кема	kema
stoomboot (de)	пароход	paroxod
motorschip (het)	теплоход	teploxod
lijnschip (het)	лайнер	layner
kruiser (de)	крейсер	kreyser
jacht (het)	яхта	yaxta
sleepboot (de)	шатакчи кема	shatakchi kema
duwbak (de)	баржа	barja
ferryboot (de)	паром	parom
zeilboot (de)	елканли кема	elkanli kema
brigantijn (de)	бригантина	brigantina
IJsbreker (de)	музёрар	muzyorar
duikboot (de)	сув ости кемаси	suv osti kemasi
boot (de)	қайиқ	qayiq
sloep (de)	шлюпка	shlyupka
reddingssloep (de)	қутқарув шлюпкаси	qutqaruv shlyupkasi
motorboot (de)	катер	kater
kapitein (de)	капитан	kapitan
zeeman (de)	матрос	matros
matroos (de)	денгизчи	dengizchi
bemanning (de)	екипаж	ekipaj
bootsman (de)	боцман	botsman
scheepsjongen (de)	юнга	yunga
kok (de)	кок	kok
scheepsarts (de)	кема врачи	kema vrachi
dek (het)	палуба	paluba
mast (de)	мачта	machta
zeil (het)	елкан	elkan
ruim (het)	трюм	tryum
voorsteven (de)	тумшуқ	tumshuq
achtersteven (de)	қуйруқ	quyruq
roeispaan (de)	ешкак	eshkak
schroef (de)	винт	vint
kajuit (de)	каюта	kayuta
officierskamer (de)	кают-компания	kayut-kompaniya
machinekamer (de)	машина бўлинмаси	mashina bo'linmasi
brug (de)	капитан кўприкчаси	kapitan ko'prikchasi
radiokamer (de)	радиорубка	radiorubka
radiogolf (de)	тўлқин	to'lqin
logboek (het)	кема журнали	kema jurnali
verrekijker (de)	узун дурбин	uzun durbin
klok (de)	қўнғироқ	qo'ng'iroq

vlag (de)	байроқ	bayroq
kabel (de)	йўғон арқон	yo'g'on arqon
knoop (de)	тугун	tugun

| trapleuning (de) | тутқич | tutqich |
| trap (de) | трап | trap |

anker (het)	лангар	langar
het anker lichten	лангар кўтармоқ	langar ko'tarmoq
het anker neerlaten	лангар ташламоқ	langar tashlamoq
ankerketting (de)	лангар занжири	langar zanjiri

haven (bijv. containerhaven)	порт	port
kaai (de)	причал	prichal
aanleggen (ww)	келиб тўхтамоқ	kelib to'xtamoq
wegvaren (ww)	жўнамоқ	jo'namoq

reis (de)	саёхат	sayohat
cruise (de)	денгиз саёҳати	dengiz sayohati
koers (de)	курс	kurs
route (de)	маршрут	marshrut

vaarwater (het)	фарватер	farvater
zandbank (de)	саёзлик	sayozlik
stranden (ww)	саёзликка ўтирмоқ	sayozlikka o'tirmoq

storm (de)	довул	dovul
signaal (het)	сигнал	signal
zinken (ov. een boot)	чўкмоқ	cho'kmoq
Man overboord!	сувда одам бор!	suvda odam bor!
SOS (noodsignaal)	СОС!	SOS!
reddingsboei (de)	қутқариш ҳалқаси	qutqarish halqasi

144. Vliegveld

luchthaven (de)	аэропорт	aeroport
vliegtuig (het)	самолёт	samolyot
luchtvaartmaatschappij (de)	авиакомпания	aviakompaniya
luchtverkeersleider (de)	диспетчер	dispetcher

vertrek (het)	учиб кетиш	uchib ketish
aankomst (de)	учиб келиш	uchib kelish
aankomen (per vliegtuig)	учиб келмоқ	uchib kelmoq

| vertrektijd (de) | учиб кетиш вақти | uchib ketish vaqti |
| aankomstuur (het) | учиб келиш вақти | uchib kelish vaqti |

| vertraagd zijn (ww) | кечикмоқ | kechikmoq |
| vluchtvertraging (de) | учиб кетишнинг кечикиши | uchib ketishning kechikishi |

informatiebord (het)	маълумотлар таблоси	ma'lumotlar tablosi
informatie (de)	маълумот	ma'lumot
aankondigen (ww)	эълон қилмоқ	e'lon qilmoq
vlucht (bijv. KLM ~)	рейс	reys

douane (de)	божхона	bojxona
douanier (de)	божхона ходими	bojxona xodimi
douaneaangifte (de)	декларация	deklaratsiya
een douaneaangifte invullen	декларация тўлдирмоқ	deklaratsiya to'ldirmoq
paspoortcontrole (de)	паспорт назорати	pasport nazorati
bagage (de)	юк	yuk
handbagage (de)	қўл юки	qo'l yuki
bagagekarretje (het)	аравача	aravacha
landing (de)	қўниш	qo'nish
landingsbaan (de)	қўниш майдони	qo'nish maydoni
landen (ww)	қўнмоқ	qo'nmoq
vliegtuigtrap (de)	трап	trap
inchecken (het)	рўйхатдан ўтиш	ro'yxatdan o'tish
incheckbalie (de)	рўйхатдан ўтиш жойи	ro'yxatdan o'tish joyi
inchecken (ww)	рўйхатдан ўтмоқ	ro'yxatdan o'tmoq
instapkaart (de)	чиқиш талони	chiqish taloni
gate (de)	чиқиш	chiqish
transit (de)	транзит	tranzit
wachten (ww)	кутмоқ	kutmoq
wachtzaal (de)	кутиш зали	kutish zali
begeleiden (uitwuiven)	кузатмоқ	kuzatmoq
afscheid nemen (ww)	хайрлашмоқ	xayrlashmoq

145. Fiets. Motorfiets

fiets (de)	велосипед	velosiped
bromfiets (de)	мотороллер	motoroller
motorfiets (de)	мотоцикл	mototsikl
met de fiets rijden	велосипедда юрмоқ	velosipedda yurmoq
stuur (het)	рул	rul
pedaal (de/het)	педал	pedal
remmen (mv.)	тормозлар	tormozlar
fietszadel (de/het)	егар	egar
pomp (de)	насос	nasos
bagagedrager (de)	юкхона	yukxona
fietslicht (het)	фонар	fonar
helm (de)	шлем	shlem
wiel (het)	ғилдирак	g'ildirak
spatbord (het)	қанот	qanot
velg (de)	гардиш	gardish
spaak (de)	кегай	kegay

Auto's

146. Soorten auto's

auto (de)	автомобил	avtomobil
sportauto (de)	спорт автомобили	sport avtomobili
limousine (de)	лимузин	limuzin
terreinwagen (de)	внедорожник	vnedorojnik
cabriolet (de)	кабриолет	kabriolet
minibus (de)	микроавтобус	mikroavtobus
ambulance (de)	тез ёрдам	tez yordam
sneeuwruimer (de)	қор куровчи машина	qor kurovchi mashina
vrachtwagen (de)	юк машинаси	yuk mashinasi
tankwagen (de)	бензин ташийдиган машина	benzin tashiydigan mashina
bestelwagen (de)	фургон	furgon
trekker (de)	шатакчи машина	shatakchi mashina
aanhangwagen (de)	тиркама	tirkama
comfortabel (bn)	қулай	qulay
tweedehands (bn)	тутилган	tutilgan

147. Auto's. Carrosserie

motorkap (de)	капот	kapot
spatbord (het)	қанот	qanot
dak (het)	том	tom
voorruit (de)	шамол тўсадиган ойна	shamol to'sadigan oyna
achterruit (de)	орқа кўриниш кўзгуси	orqa ko'rinish ko'zgusi
ruitensproeier (de)	ойна ювгич	oyna yuvgich
wisserbladen (mv.)	ойна тозалагичлар	oyna tozalagichlar
zijruit (de)	ён ойна	yon oyna
raamlift (de)	ойна кўтаргич	oyna ko'targich
antenne (de)	антенна	antenna
zonnedak (het)	люк	lyuk
bumper (de)	бампер	bamper
koffer (de)	юкхона	yukxona
portier (het)	ешик	eshik
handvat (het)	тутқич	tutqich
slot (het)	қулф	qulf
nummerplaat (de)	номер	nomer
knalpot (de)	глушител	glushitel

| benzinetank (de) | бензобак | benzobak |
| uitlaatpijp (de) | ишланган газлар трубаси | ishlangan gazlar trubasi |

gas (het)	газ	gaz
pedaal (de/het)	педал	pedal
gaspedaal (de/het)	газ педали	gaz pedali

rem (de)	тормоз	tormoz
rempedaal (de/het)	тормоз педали	tormoz pedali
remmen (ww)	тормоз бермоқ	tormoz bermoq
handrem (de)	тўхтаб туриш тормози	to'xtab turish tormozi

koppeling (de)	сцепление	stseplenie
koppelingspedaal (de/het)	сцепление педали	stseplenie pedali
koppelingsschijf (de)	сцепление диски	stseplenie diski
schokdemper (de)	амортизатор	amortizator

wiel (het)	ғилдирак	g'ildirak
reservewiel (het)	заҳира ғилдирак	zahira g'ildirak
wieldop (de)	қопқоқ	qopqoq

aandrijfwielen (mv.)	етакловчи ғилдирак	etaklovchi g'ildirak
met voorwielaandrijving	олдинги узатмали	oldingi uzatmali
met achterwielaandrijving	орқа узатмали	orqa uzatmali
met vierwielaandrijving	тўлиқ узатмали	to'liq uzatmali

versnellingsbak (de)	узатиш қутиси	uzatish qutisi
automatisch (bn)	автоматик	avtomatik
mechanisch (bn)	механик	mexanik
versnellingspook (de)	узатиш қутиси ричаги	uzatish qutisi richagi

| voorlicht (het) | фара | fara |
| voorlichten (mv.) | фаралар | faralar |

dimlicht (het)	яқин чироқ	yaqin chiroq
grootlicht (het)	узоқ чироқ	uzoq chiroq
stoplicht (het)	тўхташ сигнали	to'xtash signali

standlichten (mv.)	габарит чироқлари	gabarit chiroqlari
noodverlichting (de)	авария чироқлари	avariya chiroqlari
mistlichten (mv.)	туманга қарши фаралар	tumanga qarshi faralar
pinker (de)	бурилиш чироғи	burilish chirog'i
achteruitrijdlicht (het)	орқага юриш чироғи	orqaga yurish chirog'i

148. Auto's. Passagiersruimte

interieur (het)	салон	salon
leren (van leer gemaak)	чарм	charm
fluwelen (abn)	велюр	velyur
bekleding (de)	қоплама	qoplama

toestel (het)	асбоб	asbob
instrumentenbord (het)	асбоблар шчити	asboblar shchiti
snelheidsmeter (de)	спидометр	spidometr

pijltje (het)	стрелка	strelka
kilometerteller (de)	счётчик	schyotchik
sensor (de)	датчик	datchik
niveau (het)	сатҳ	sath
controlelampje (het)	лампочка	lampochka

stuur (het)	рул	rul
toeter (de)	сигнал	signal
knopje (het)	тугма	tugma
schakelaar (de)	переключател	pereklyuchatel

stoel (bestuurders~)	ўриндиқ	o'rindiq
rugleuning (de)	суянчиқ	suyanchiq
hoofdsteun (de)	боштирагич	boshtiragich
veiligheidsgordel (de)	хавфсизлик камари	xavfsizlik kamari
de gordel aandoen	камарни қадамоқ	kamarni qadamoq
regeling (de)	созлаш	sozlash

| airbag (de) | ҳаво ёстиқчаси | havo yostiqchasi |
| airconditioner (de) | кондиционер | konditsioner |

radio (de)	радио	radio
CD-speler (de)	СД-проигривател	CD-proigrivatel
aanzetten (bijv. radio ~)	ёқмоқ	yoqmoq
antenne (de)	антенна	antenna
handschoenenkastje (het)	бардачок	bardachok
asbak (de)	кулдон	kuldon

149. Auto's. Motor

| diesel- (abn) | дизел | dizel |
| benzine- (~motor) | бензин | benzin |

motorinhoud (de)	двигател ҳажми	dvigatel hajmi
vermogen (het)	қувват	quvvat
paardenkracht (de)	от кучи	ot kuchi
zuiger (de)	поршен	porshen
cilinder (de)	силиндр	silindr
klep (de)	клапан	klapan

injectie (de)	инжектор	injektor
generator (de)	генератор	generator
carburator (de)	карбюратор	karbyurator
motorolie (de)	мотор мойи	motor moyi

radiator (de)	радиатор	radiator
koelvloeistof (de)	совитувчи суюқлик	sovituvchi suyuqlik
ventilator (de)	вентилятор	ventilyator

accu (de)	аккумулятор	akkumulyator
starter (de)	стартер	starter
contact (ontsteking)	ўт олдириш тизими	o't oldirish tizimi
bougie (de)	ўт олдириш свечаси	o't oldirish svechasi
pool (de)	клемма	klemma

positieve pool (de)	плюс	plyus
negatieve pool (de)	минус	minus
zekering (de)	сақлагич	saqlagich

luchtfilter (de)	ҳаво филтри	havo filtri
oliefilter (de)	мой филтри	moy filtri
benzinefilter (de)	ёқилғи филтри	yoqilg'i filtri

150. Auto's. Botsing. Reparatie

auto-ongeval (het)	авария	avariya
verkeersongeluk (het)	йўл ходисаси	yo'l xodisasi
aanrijden	урилмоқ	urilmoq
(tegen een boom, enz.)		
verongelukken (ww)	чилпарчин бўлмоқ	chilparchin bo'lmoq
beschadiging (de)	шикастланиш	shikastlanish
heelhuids (bn)	бутун	butun

kapot gaan (zijn gebroken)	бузилмоқ	buzilmoq
sleeptouw (het)	шатак бурама арқони	shatak burama arqoni

lek (het)	тешилиш	teshilish
lekke krijgen (band)	бўшаб қолмоқ	bo'shab qolmoq
oppompen (ww)	дам бермоқ	dam bermoq
druk (de)	босим	bosim
checken (controleren)	текширмоқ	tekshirmoq

reparatie (de)	таъмир	ta'mir
garage (de)	таъмирлаш устахонаси	ta'mirlash ustaxonasi
wisselstuk (het)	эҳтиёт қисм	ehtiyot qism
onderdeel (het)	қисм	qism

bout (de)	болт	bolt
schroef (de)	винт	vint
moer (de)	гайка	gayka
sluitring (de)	шайба	shayba
kogellager (de/het)	подшипник	podshipnik

pijp (de)	трубка	trubka
pakking (de)	прокладка	prokladka
kabel (de)	сим	sim

dommekracht (de)	домкрат	domkrat
moersleutel (de)	гайка калити	gayka kaliti
hamer (de)	болға	bolg'a
pomp (de)	насос	nasos
schroevendraaier (de)	отвёртка	otvyortka

brandblusser (de)	ўтўчиргич	o'to'chirgich
gevarendriehoek (de)	авария учбурчаги	avariya uchburchagi

afslaan	ўчиб қолмоқ	o'chib qolmoq
(ophouden te werken)		
uitvallen (het)	тўхтаб қолиш	to'xtab qolish

zijn gebroken	бузилган бўлмоқ	buzilgan bo'lmoq
oververhitten (ww)	қизиб кетмоқ	qizib ketmoq
verstopt raken (ww)	ифлосланмоқ	ifloslanmoq
bevriezen (autodeur, enz.)	музламоқ	muzlamoq
barsten (leidingen, enz.)	ёрилмоқ	yorilmoq

druk (de)	босим	bosim
niveau (bijv. olieniveau)	сатҳ	sath
slap (de drijfriem is ~)	бўш	bo'sh

deuk (de)	езилган жой	ezilgan joy
geklop (vreemde geluiden)	тақиллаш	taqillash
barst (de)	дарз	darz
kras (de)	тирналган жой	tirnalgan joy

151. Auto's. Weg

weg (de)	йўл	yo'l
snelweg (de)	автомагистрал	avtomagistral
autoweg (de)	шоссе	shosse
richting (de)	йўналиш	yo'nalish
afstand (de)	масофа	masofa

brug (de)	кўприк	ko'prik
parking (de)	паркинг	parking
plein (het)	майдон	maydon
verkeersknooppunt (het)	остин-устун чорраҳа	ostin-ustun chorraha
tunnel (de)	тоннел	tonnel

benzinestation (het)	ёқилғи қуйиш шохобчаси	yoqilg'i quyish shoxobchasi
parking (de)	тўхташ жойи	to'xtash joyi
benzinepomp (de)	бензоколонка	benzokolonka
garage (de)	гараж	garaj
tanken (ww)	ёқилғи қуймоқ	yoqilg'i quymoq
brandstof (de)	ёқилғи	yoqilg'i
jerrycan (de)	канистра	kanistra

asfalt (het)	асфалт	asfalt
markering (de)	белги	belgi
trottoirband (de)	бордюр	bordyur
geleiderail (de)	тўсиқ	to'siq
greppel (de)	йўл четидаги ариқ	yo'l chetidagi ariq
vluchtstrook (de)	йўл чети	yo'l cheti
lichtmast (de)	устун	ustun

besturen (een auto ~)	бошқармоқ	boshqarmoq
afslaan (naar rechts ~)	бурмоқ	burmoq
U-bocht maken (ww)	орқага айланмоқ	orqaga aylanmoq
achteruit (de)	орқага юриш	orqaga yurish

toeteren (ww)	сигнал бермоқ	signal bermoq
toeter (de)	товуш сигнали	tovush signali
vastzitten (in modder)	тиқилиб қолмоқ	tiqilib qolmoq
spinnen (wielen gaan ~)	шатаксирамоқ	shataksiramoq

uitzetten (ww)	ўчирмоқ	o'chirmoq
snelheid (de)	тезлик	tezlik
een snelheidsovertreding maken	тезликни оширмоқ	tezlikni oshirmoq
bekeuren (ww)	жарима солмоқ	jarima solmoq
verkeerslicht (het)	светофор	svetofor
rijbewijs (het)	ҳайдовчилик гувоҳномаси	haydovchilik guvohnomasi
overgang (de)	йўлни кесиб ўтиш жойи	yo'lni kesib o'tish joyi
kruispunt (het)	чорраҳа	chorraha
zebrapad (oversteekplaats)	йўловчилар ўтиш жойи	yo'lovchilar o'tish joyi
bocht (de)	бурилиш	burilish
voetgangerszone (de)	йўловчилар зонаси	yo'lovchilar zonasi

MENSEN. GEBEURTENISSEN IN HET LEVEN

Gebeurtenissen in het leven

152. Vakanties. Evenement

feest (het)	байрам	bayram
nationale feestdag (de)	миллий байрам	milliy bayram
feestdag (de)	байрам куни	bayram kuni
herdenken (ww)	байрам қилмоқ	bayram qilmoq
gebeurtenis (de)	воқеа	voqea
evenement (het)	тадбир	tadbir
banket (het)	банкет	banket
receptie (de)	қабул	qabul
feestmaal (het)	базм	bazm
verjaardag (de)	йиллик	yillik
jubileum (het)	юбилей	yubiley
vieren (ww)	нишонламоқ	nishonlamoq
Nieuwjaar (het)	Янги Йил	Yangi Yil
Gelukkig Nieuwjaar!	Янги Йил билан!	Yangi Yil bilan!
Kerstfeest (het)	Рождество	Rojdestvo
Vrolijk kerstfeest!	Қувноқ Рождество тилайман!	Quvnoq Rojdestvo tilayman!
kerstboom (de)	Рождество арчаси	Rojdestvo archasi
vuurwerk (het)	мушак	mushak
bruiloft (de)	никоҳ тўйи	nikoh to'yi
bruidegom (de)	куёв	kuyov
bruid (de)	келин	kelin
uitnodigen (ww)	таклиф қилмоқ	taklif qilmoq
uitnodiging (de)	таклифнома	taklifnoma
gast (de)	меҳмон	mehmon
op bezoek gaan	меҳмонга бормоқ	mehmonga bormoq
gasten verwelkomen	меҳмонларни кутмоқ	mehmonlarni kutmoq
geschenk, cadeau (het)	совға	sovg'a
geven (iets cadeau ~)	совға қилмоқ	sovg'a qilmoq
geschenken ontvangen	совға олмоқ	sovg'a olmoq
boeket (het)	даста	dasta
felicitaties (mv.)	табрик	tabrik
feliciteren (ww)	табрикламоқ	tabriklamoq
wenskaart (de)	табрик откриткаси	tabrik otkritkasi

| een kaartje versturen | откритка жўнатмоқ | otkritka jo'natmoq |
| een kaartje ontvangen | откритка олмоқ | otkritka olmoq |

toast (de)	қадаҳ сўзи	qadah so'zi
aanbieden (een drankje ~)	меҳмон қилмоқ	mehmon qilmoq
champagne (de)	шампан виноси	shampan vinosi

plezier hebben (ww)	қувнамоқ	quvnamoq
plezier (het)	қувноқлик	quvnoqlik
vreugde (de)	қувонч	quvonch

| dans (de) | рақс | raqs |
| dansen (ww) | рақсга тушмоқ | raqsga tushmoq |

| wals (de) | валс | vals |
| tango (de) | танго | tango |

153. Begrafenissen. Begrafenis

kerkhof (het)	мозор	mozor
graf (het)	гўр	go'r
kruis (het)	хоч	xoch
grafsteen (de)	қабр тоши	qabr toshi
omheining (de)	панжара	panjara
kapel (de)	бутхона	butxona

dood (de)	ўлим	o'lim
sterven (ww)	ўлмоқ	o'lmoq
overledene (de)	майит	mayit
rouw (de)	мотам	motam

begraven (ww)	дафн қилмоқ	dafn qilmoq
begrafenisonderneming (de)	дафн бюроси	dafn byurosi
begrafenis (de)	дафн қилиш маросими	dafn qilish marosimi

krans (de)	гулчамбар	gulchambar
doodskist (de)	тобут	tobut
lijkwagen (de)	тобут қўйиладиган арава	tobut qo'yiladigan arava
lijkkleed (de)	кафан	kafan

begrafenisstoet (de)	кўмиш маросими	ko'mish marosimi
urn (de)	урна	urna
crematorium (het)	крематорий	krematoriy

overlijdensbericht (het)	таъзиянома	ta'ziyanoma
huilen (wenen)	йиғламоқ	yig'lamoq
snikken (huilen)	хўнграб йиғламоқ	xo'ngrab yig'lamoq

154. Oorlog. Soldaten

| peloton (het) | взвод | vzvod |
| compagnie (de) | рота | rota |

regiment (het)	полк	polk
leger (armee)	армия	armiya
divisie (de)	дивизия	diviziya

| sectie (de) | отряд | otryad |
| troep (de) | қўшин | qo'shin |

| soldaat (militair) | аскар | askar |
| officier (de) | зобит | zobit |

soldaat (rang)	оддий аскар	oddiy askar
sergeant (de)	сержант	serjant
luitenant (de)	лейтенант	leytenant

kapitein (de)	капитан	kapitan
majoor (de)	маёр	mayor
kolonel (de)	полковник	polkovnik
generaal (de)	генерал	general

matroos (de)	денгизчи	dengizchi
kapitein (de)	капитан	kapitan
bootsman (de)	боцман	botsman

artillerist (de)	артиллериячи	artilleriyachi
valschermjager (de)	десантчи	desantchi
piloot (de)	учувчи	uchuvchi

| stuurman (de) | штурман | shturman |
| mecanicien (de) | механик | mexanik |

| sappeur (de) | сапёр | sapyor |
| parachutist (de) | парашютчи | parashyutchi |

| verkenner (de) | разведкачи | razvedkachi |
| scherpschutter (de) | снайпер | snayper |

patrouille (de)	патрул	patrul
patrouilleren (ww)	патруллик қилмоқ	patrullik qilmoq
wacht (de)	соқчи	soqchi

krijger (de)	жангчи	jangchi
held (de)	қаҳрамон	qahramon
heldin (de)	қаҳрамон	qahramon
patriot (de)	ватанпарвар	vatanparvar

verrader (de)	хоин	xoin
deserteur (de)	дезертир	dezertir
deserteren (ww)	дезертирлик қилмоқ	dezertirlik qilmoq

huurling (de)	ёлланган	yollangan
rekruut (de)	янги олинган аскар	yangi olingan askar
vrijwilliger (de)	кўнгилли аскар	ko'ngilli askar

gedode (de)	ўлдирилган	o'ldirilgan
gewonde (de)	ярадор	yarador
krijgsgevangene (de)	асир	asir

155. Oorlog. Militaire acties. Deel 1

oorlog (de)	уруш	urush
oorlog voeren (ww)	урушмоқ	urushmoq
burgeroorlog (de)	фуқаролар уруши	fuqarolar urushi
achterbaks (bw)	маккорона	makkorona
oorlogsverklaring (de)	еълон қилиш	e'lon qilish
verklaren (de oorlog ~)	еълон қилмоқ	e'lon qilmoq
agressie (de)	агрессия	agressiya
aanvallen (binnenvallen)	ҳужум қилмоқ	hujum qilmoq
binnenvallen (ww)	босиб олмоқ	bosib olmoq
invaller (de)	босқинчи	bosqinchi
veroveraar (de)	истилочи	istilochi
verdediging (de)	мудофаа	mudofaa
verdedigen (je land ~)	мудофааламоқ	mudofaalamoq
zich verdedigen (ww)	мудофааланмоқ	mudofaalanmoq
vijand, tegenstander (de)	душман	dushman
vijandelijk (bn)	душман	dushman
strategie (de)	стратегия	strategiya
tactiek (de)	тактика	taktika
order (de)	буйруқ	buyruq
bevel (het)	команда	komanda
bevelen (ww)	буюрмоқ	buyurmoq
opdracht (de)	топшириқ	topshiriq
geheim (bn)	маҳфий	mahfiy
strijd, slag (de)	жанг	jang
aanval (de)	ҳужум	hujum
bestorming (de)	қаттиқ ҳужум	qattiq hujum
bestormen (ww)	қаттиқ ҳужум қилмоқ	qattiq hujum qilmoq
bezetting (de)	қамал	qamal
aanval (de)	ҳужум	hujum
in het offensief te gaan	ҳужум қилмоқ	hujum qilmoq
terugtrekking (de)	чекиниш	chekinish
zich terugtrekken (ww)	чекинмоқ	chekinmoq
omsingeling (de)	қуршов	qurshov
omsingelen (ww)	қуршовга олмоқ	qurshovga olmoq
bombardement (het)	бомба ёғдирмоқ	bomba yog'dirmoq
een bom gooien	бомба ташламоқ	bomba tashlamoq
bombarderen (ww)	бомба ташламоқ	bomba tashlamoq
ontploffing (de)	портлаш	portlash
schot (het)	ўқ узиш	o'q uzish
een schot lossen	ўқ узмоқ	o'q uzmoq
schieten (het)	ўқ отиш	o'q otish

mikken op (ww)	нишонга олмоқ	nishonga olmoq
aanleggen (een wapen ~)	мўлжалга тўғриламоқ	mo'ljalga to'g'rilamoq
treffen (doelwit ~)	тегмоқ	tegmoq

zinken (tot zinken brengen)	чўктирмоқ	cho'ktirmoq
kogelgat (het)	тешик	teshik
zinken (gezonken zijn)	сув остига кетиш	suv ostiga ketish

front (het)	фронт	front
evacuatie (de)	евакуация	evakuatsiya
evacueren (ww)	евакуация қилмоқ	evakuatsiya qilmoq

prikkeldraad (de)	тиканли сим	tikanli sim
verdedigingsobstakel (het)	тўсиқ	to'siq
wachttoren (de)	минора	minora

hospitaal (het)	госпитал	gospital
verwonden (ww)	яраламоқ	yaralamoq
wond (de)	яра	yara
gewonde (de)	ярадор	yarador
gewond raken (ww)	яраланмоқ	yaralanmoq
ernstig (~e wond)	оғир	og'ir

156. Wapens

wapens (mv.)	қурол	qurol
vuurwapens (mv.)	ўқ отадиган қурол	o'q otadigan qurol
koude wapens (mv.)	совуқ қурол	sovuq qurol

chemische wapens (mv.)	кимёвий қурол	kimyoviy qurol
kern-, nucleair (bn)	ядро	yadro
kernwapens (mv.)	ядро қуроли	yadro quroli

bom (de)	бомба	bomba
atoombom (de)	атом бомбаси	atom bombasi

pistool (het)	тўппонча	to'pponcha
geweer (het)	милтиқ	miltiq
machinepistool (het)	автомат	avtomat
machinegeweer (het)	пулемёт	pulemyot

loop (schietbuis)	ствол оғзи	stvol og'zi
loop (bijv. geweer met kortere ~)	ствол	stvol
kaliber (het)	калибр	kalibr

trekker (de)	тепки	tepki
korrel (de)	нишонга олгич	nishonga olgich
magazijn (het)	магазин	magazin
geweerkolf (de)	қўндоқ	qo'ndoq

granaat (handgranaat)	граната	granata
explosieven (mv.)	портловчи модда	portlovchi modda
kogel (de)	ўқ	o'q

patroon (de)	патрон	patron
lading (de)	заряд	zaryad
ammunitie (de)	ўқ-дори	o'q-dori

bommenwerper (de)	бомбардимончи	bombardimonchi
straaljager (de)	қирувчи	qiruvchi
helikopter (de)	вертолёт	vertolyot

afweergeschut (het)	зенит тўпи	zenit to'pi
tank (de)	танк	tank
kanon (tank met een ~ van 76 mm)	замбарак	zambarak

artillerie (de)	артиллерия	artilleriya
aanleggen (een wapen ~)	мўлжалга тўғриламоқ	mo'ljalga to'g'rilamoq

projectiel (het)	снаряд	snaryad
mortiergranaat (de)	мина	mina
mortier (de)	миномёт	minomyot
granaatscherf (de)	парча	parcha

duikboot (de)	сув ости кемаси	suv osti kemasi
torpedo (de)	торпеда	torpeda
raket (de)	ракета	raketa

laden (geweer, kanon)	ўқламоқ	o'qlamoq
schieten (ww)	отмоқ	otmoq
richten op (mikken)	нишонга олмоқ	nishonga olmoq
bajonet (de)	найза	nayza

degen (de)	шпага	shpaga
sabel (de)	қилич	qilich
speer (de)	найза	nayza
boog (de)	камон	kamon
pijl (de)	камон ўқи	kamon o'qi
musket (de)	мушкет	mushket
kruisboog (de)	арбалет	arbalet

157. Oude mensen

primitief (bn)	ибтидоий	ibtidoiy
voorhistorisch (bn)	тарихдан илгариги	tarixdan ilgarigi
eeuwenoude (~ beschaving)	қадимги	qadimgi

Steentijd (de)	Тош даври	Tosh davri
Bronstijd (de)	Бронза даври	Bronza davri
IJstijd (de)	Музлик даври	Muzlik davri

stam (de)	қабила	qabila
menseneter (de)	одамхўр	odamxo'r
jager (de)	овчи	ovchi
jagen (ww)	ов қилмоқ	ov qilmoq
mammoet (de)	мамонт	mamont
grot (de)	ғор	g'or

vuur (het)	олов	olov
kampvuur (het)	гулхан	gulxan
rotstekening (de)	қояга чизилган расм	qoyaga chizilgan rasm

werkinstrument (het)	меҳнат қуроли	mehnat quroli
speer (de)	найза	nayza
stenen bijl (de)	тош болта	tosh bolta
oorlog voeren (ww)	урушмоқ	urushmoq
temmen (bijv. wolf ~)	қўлга ўргатмоқ	qo'lga o'rgatmoq

idool (het)	бут	but
aanbidden (ww)	сажда қилмоқ	sajda qilmoq
bijgeloof (het)	хурофот	xurofot
ritueel (het)	маросим	marosim

evolutie (de)	еволюция	evolyutsiya
ontwikkeling (de)	ривожланиш	rivojlanish
verdwijning (de)	йўқ бўлиб кетмоқ	yo'q bo'lib ketmoq
zich aanpassen (ww)	мослашмоқ	moslashmoq

archeologie (de)	археология	arxeologiya
archeoloog (de)	археолог	arxeolog
archeologisch (bn)	археологик	arxeologik

opgravingsplaats (de)	қазишлар жойи	qazishlar joyi
opgravingen (mv.)	қазиш ишлари	qazish ishlari
vondst (de)	топилма	topilma
fragment (het)	парча	parcha

158. Middeleeuwen

volk (het)	халқ	xalq
volkeren (mv.)	халқлар	xalqlar
stam (de)	қабила	qabila
stammen (mv.)	қабилалар	qabilalar

barbaren (mv.)	варварлар	varvarlar
Galliërs (mv.)	галлар	gallar
Goten (mv.)	готлар	gotlar
Slaven (mv.)	славянлар	slavyanlar
Vikings (mv.)	викинглар	vikinglar

Romeinen (mv.)	римликлар	rimliklar
Romeins (bn)	Римга оид	Rimga oid

Byzantijnen (mv.)	византияликлар	vizantiyaliklar
Byzantium (het)	Византия	Vizantiya
Byzantijns (bn)	Византияга оид	Vizantiyaga oid

keizer (bijv. Romeinse ~)	император	imperator
opperhoofd (het)	сардор	sardor
machtig (bn)	қудратли	qudratli
koning (de)	қирол	qirol
heerser (de)	ҳукмдор	hukmdor

ridder (de)	рицар	ritsar
feodaal (de)	феодал	feodal
feodaal (bn)	феодалларга оид	feodallarga oid
vazal (de)	вассал	vassal
hertog (de)	герцог	gertsog
graaf (de)	граф	graf
baron (de)	барон	baron
bisschop (de)	епископ	episkop
harnas (het)	яроғ-аслаха	yarog'-aslaxa
schild (het)	қалқон	qalqon
zwaard (het)	қилич	qilich
vizier (het)	дубулға пардаси	dubulg'a pardasi
maliënkolder (de)	совут	sovut
kruistocht (de)	салб юриши	salb yurishi
kruisvaarder (de)	салб юриши қатнашчиси	salb yurishi qatnashchisi
gebied (bijv. bezette ~en)	ҳудуд	hudud
aanvallen (binnenvallen)	ҳужум қилмоқ	hujum qilmoq
veroveren (ww)	забт етмоқ	zabt etmoq
innemen (binnenvallen)	босиб олмоқ	bosib olmoq
bezetting (de)	қамал	qamal
bezet (bn)	қамал қилинган	qamal qilingan
belegeren (ww)	қамал қилмоқ	qamal qilmoq
inquisitie (de)	инквизиция	inkvizitsiya
inquisiteur (de)	инквизитор	inkvizitor
foltering (de)	қийноқ	qiynoq
wreed (bn)	бераҳм	berahm
ketter (de)	бидъатчи	bid'atchi
ketterij (de)	бидъат	bid'at
zeevaart (de)	денгизда кема юриши	dengizda kema yurishi
piraat (de)	денгиз қароқчиси	dengiz qaroqchisi
piraterij (de)	денгиз қароқчилиги	dengiz qaroqchiligi
enteren (het)	абордаж	abordaj
buit (de)	ўлжа	o'lja
schatten (mv.)	хазина	xazina
ontdekking (de)	кашфиёт	kashfiyot
ontdekken (bijv. nieuw land)	кашф қилмоқ	kashf qilmoq
expeditie (de)	експедиция	ekspeditsiya
musketier (de)	мушкетёр	mushketyor
kardinaal (de)	кардинал	kardinal
heraldiek (de)	гералдика	geraldika
heraldisch (bn)	гералдик	geraldik

159. Leider. Baas. Autoriteiten

koning (de)	қирол	qirol
koningin (de)	қиролича	qirolicha

| koninklijk (bn) | қиролга оид | qirolga oid |
| koninkrijk (het) | қироллик | qirollik |

| prins (de) | шаҳзода | shahzoda |
| prinses (de) | малика | malika |

president (de)	президент	prezident
vicepresident (de)	вице-президент	vitse-prezident
senator (de)	сенатор	senator

monarch (de)	монарх	monarx
heerser (de)	ҳукмдор	hukmdor
dictator (de)	диктатор	diktator
tiran (de)	золим ҳукмдор	zolim hukmdor
magnaat (de)	магнат	magnat

directeur (de)	директор	direktor
chef (de)	бошлиқ	boshliq
beheerder (de)	бошқарувчи	boshqaruvchi
baas (de)	босс	boss
eigenaar (de)	хўжайин	xo'jayin

hoofd	раҳбар	rahbar
(bijv. ~ van de delegatie)		
autoriteiten (mv.)	ҳокимият	hokimiyat
superieuren (mv.)	бошлиқлар	boshliqlar

gouverneur (de)	губернатор	gubernator
consul (de)	консул	konsul
diplomaat (de)	дипломат	diplomat
burgemeester (de)	мер	mer
sheriff (de)	шериф	sherif

keizer (bijv. Romeinse ~)	император	imperator
tsaar (de)	подшо	podsho
farao (de)	фиръавн	fir'avn
kan (de)	хон	xon

160. De wet overtreden. Criminelen. Deel 1

bandiet (de)	босқинчи	bosqinchi
misdaad (de)	жиноят	jinoyat
misdadiger (de)	жиноятчи	jinoyatchi

| dief (de) | ўғри | o'g'ri |
| stelen (ww) | ўғирламоқ | o'g'irlamoq |

kidnappen (ww)	ўғирлаб кетмоқ	o'g'irlab ketmoq
kidnapping (de)	одам ўғирлаш	odam o'g'irlash
kidnapper (de)	ўғри	o'g'ri

losgeld (het)	еваз	evaz
eisen losgeld (ww)	пул талаб қилмоқ	pul talab qilmoq
overvallen (ww)	таламоқ	talamoq

overvaller (de)	талончи	talonchi
afpersen (ww)	товламоқ	tovlamoq
afperser (de)	товламачи	tovlamachi
afpersing (de)	товламачилик	tovlamachilik

vermoorden (ww)	ўлдирмоқ	o'ldirmoq
moord (de)	қотиллик	qotillik
moordenaar (de)	қотил	qotil

schot (het)	ўқ узиш	o'q uzish
een schot lossen	ўқ узмоқ	o'q uzmoq
neerschieten (ww)	отиб ўлдирмоқ	otib o'ldirmoq
schieten (ww)	отмоқ	otmoq
schieten (het)	ўқ отиш	o'q otish

ongeluk (gevecht, enz.)	ходиса	xodisa
gevecht (het)	муштлашиш	mushtlashish
slachtoffer (het)	қурбон	qurbon
beschadigen (ww)	шикастламоқ	shikastlamoq
schade (de)	зарар	zarar
lijk (het)	мурда	murda
zwaar (~ misdrijf)	оғир	og'ir

aanvallen (ww)	ҳужум қилмоқ	hujum qilmoq
slaan (iemand ~)	урмоқ	urmoq
in elkaar slaan (toetakelen)	калтакламоқ	kaltaklamoq
ontnemen (beroven)	олиб қўймоқ	olib qo'ymoq
steken (met een mes)	сўймоқ	so'ymoq
verminken (ww)	майиб қилмоқ	mayib qilmoq
verwonden (ww)	яраламоқ	yaralamoq

chantage (de)	қўрқитиб товлаш	qo'rqitib tovlash
chanteren (ww)	қўрқитиб товламоқ	qo'rqitib tovlamoq
chanteur (de)	қўрқитиб товловчи	qo'rqitib tovlovchi

afpersing (de)	рекет	reket
afperser (de)	рекетчи	reketchi
gangster (de)	гангстер	gangster
maffia (de)	мафия	mafiya

kruimeldief (de)	чўнтак ўғриси	cho'ntak o'g'risi
inbreker (de)	қулфбузар	qulfbuzar
smokkelen (het)	контрабанда	kontrabanda
smokkelaar (de)	контрабанда билан шуғулланувчи	kontrabanda bilan shug'ullanuvchi

namaak (de)	қалбаки нарса	qalbaki narsa
namaken (ww)	қалбакилаштирмоқ	qalbakilashtirmoq
namaak-, vals (bn)	сохта	soxta

161. De wet overtreden. Criminelen. Deel 2

| verkrachting (de) | зўрлаш | zo'rlash |
| verkrachten (ww) | зўрламоқ | zo'rlamoq |

verkrachter (de)	зўравон	zo'ravon
maniak (de)	савдойи	savdoyi
prostituee (de)	фоҳиша	fohisha
prostitutie (de)	фоҳишабозлик	fohishabozlik
pooier (de)	даюс	dayus
drugsverslaafde (de)	гиёхванд	giyohvand
drugshandelaar (de)	наркотик моддаларни сотувчи	narkotik moddalarni sotuvchi
opblazen (ww)	портлатмоқ	portlatmoq
explosie (de)	портлаш	portlash
in brand steken (ww)	ёндирмоқ	yondirmoq
brandstichter (de)	қасддан ўт қўйган одам	qasddan o't qo'ygan odam
terrorisme (het)	терроризм	terrorizm
terrorist (de)	террорчи	terrorchi
gijzelaar (de)	гаровга олинган	garovga olingan
bedriegen (ww)	алдамоқ	aldamoq
bedrog (het)	алдаш	aldash
oplichter (de)	муттаҳам	muttaham
omkopen (ww)	пора бериб сотиб олмоқ	pora berib sotib olmoq
omkoperij (de)	пора бериб сотиб олиш	pora berib sotib olish
smeergeld (het)	пора	pora
vergif (het)	заҳар	zahar
vergiftigen (ww)	заҳарламоқ	zaharlamoq
vergif innemen (ww)	заҳарланмоқ	zaharlanmoq
zelfmoord (de)	ўзини ўзи ўлдириш	o'zini o'zi o'ldirish
zelfmoordenaar (de)	ўз жонига қасд қилган	o'z joniga qasd qilgan
bedreigen (bijv. met een pistool)	пўписа қилмоқ	po'pisa qilmoq
bedreiging (de)	пўписа	po'pisa
een aanslag plegen	суиқасд қилмоқ	suiqasd qilmoq
aanslag (de)	суиқасд	suiqasd
stelen (een auto)	ўғирлаб кетмоқ	o'g'irlab ketmoq
kapen (een vliegtuig)	олиб қочмоқ	olib qochmoq
wraak (de)	қасос	qasos
wreken (ww)	қасос олмоқ	qasos olmoq
martelen (gevangenen)	қийнамоқ	qiynamoq
foltering (de)	қийноқ	qiynoq
folteren (ww)	азобламоқ	azoblamoq
piraat (de)	денгиз қароқчиси	dengiz qaroqchisi
straatschender (de)	безори	bezori
gewapend (bn)	қуролланган	qurollangan
geweld (het)	зўрлаш	zo'rlash
spionage (de)	жосуслик	josuslik
spioneren (ww)	жосуслик қилмоқ	josuslik qilmoq

162. Politie. Wet. Deel 1

gerecht (het)	адлия	adliya
gerechtshof (het)	суд	sud
rechter (de)	судя	sudya
jury (de)	суд маслаҳатчиси	sud maslahatchisi
juryrechtspraak (de)	маслаҳатчилар суди	maslahatchilar sudi
berechten (ww)	судламоқ	sudlamoq
advocaat (de)	адвокат	advokat
beklaagde (de)	судланувчи	sudlanuvchi
beklaagdenbank (de)	судланувчилар курсиси	sudlanuvchilar kursisi
beschuldiging (de)	айблов	ayblov
beschuldigde (de)	айбланувчи	ayblanuvchi
vonnis (het)	ҳукм	hukm
veroordelen	ҳукм чиқармоқ	hukm chiqarmoq
(in een rechtszaak)		
schuldige (de)	айбдор	aybdor
straffen (ww)	жазоламоқ	jazolamoq
bestraffing (de)	жазо	jazo
boete (de)	жарима	jarima
levenslange opsluiting (de)	умрбод қамоқ	umrbod qamoq
doodstraf (de)	ўлим жазоси	o'lim jazosi
elektrische stoel (de)	електр стул	elektr stul
schavot (het)	дор	dor
executeren (ww)	қатл қилмоқ	qatl qilmoq
executie (de)	қатл	qatl
gevangenis (de)	қамоқ	qamoq
cel (de)	камера	kamera
konvooi (het)	конвой	konvoy
gevangenisbewaker (de)	назоратчи	nazoratchi
gedetineerde (de)	маҳбус	mahbus
handboeien (mv.)	кишан	kishan
handboeien omdoen	кишан кийгизмоқ	kishan kiygizmoq
ontsnapping (de)	қочиш	qochish
ontsnappen (ww)	қочиб кетмоқ	qochib ketmoq
verdwijnen (ww)	ғойиб бўлмоқ	g'oyib bo'lmoq
vrijlaten (uit de gevangenis)	озод қилмоқ	ozod qilmoq
amnestie (de)	амнистия	amnistiya
politie (de)	полиция	politsiya
politieagent (de)	полициячи	politsiyachi
politiebureau (het)	полиция маҳкамаси	politsiya mahkamasi
knuppel (de)	резина тўқмоқ	rezina to'qmoq
megafoon (de)	карнай	karnay

patrouilleerwagen (de)	патрул машинаси	patrul mashinasi
sirene (de)	сирена	sirena
de sirene aansteken	сиренани ёқмоқ	sirenani yoqmoq
geloei (het) van de sirene	сирена увиллаши	sirena uvillashi

plaats delict (de)	ходиса рўй берган жой	xodisa ro'y bergan joy
getuige (de)	гувоҳ	guvoh
vrijheid (de)	еркинлик	erkinlik
handlanger (de)	жиноятчининг шериги	jinoyatchining sherigi
ontvluchten (ww)	ғойиб бўлмоқ	g'oyib bo'lmoq
spoor (het)	из	iz

163. Politie. Wet. Deel 2

opsporing (de)	қидирув	qidiruv
opsporen (ww)	қидирмоқ	qidirmoq
verdenking (de)	шубҳа	shubha
verdacht (bn)	шубҳали	shubhali
aanhouden (stoppen)	тўхтатмоқ	to'xtatmoq
tegenhouden (ww)	тутмоқ	tutmoq

strafzaak (de)	иш	ish
onderzoek (het)	тергов	tergov
detective (de)	детектив	detektiv
onderzoeksrechter (de)	терговчи	tergovchi
versie (de)	тахминий фикр	taxminiy fikr

motief (het)	сабаб	sabab
verhoor (het)	сўроқ	so'roq
ondervragen (door de politie)	сўроқ қилмоқ	so'roq qilmoq
ondervragen (omstanders ~)	сўроқламоқ	so'roqlamoq
controle (de)	текширув	tekshiruv

razzia (de)	қуршаб олиб тутиш	qurshab olib tutish
huiszoeking (de)	тинтув	tintuv
achtervolging (de)	қувиш	quvish
achtervolgen (ww)	таъқиб қилмоқ	ta'qib qilmoq
opsporen (ww)	изига тушмоқ	iziga tushmoq

arrest (het)	қамоққа олиш	qamoqqa olish
arresteren (ww)	қамоққа олмоқ	qamoqqa olmoq
vangen, aanhouden (een dief, enz.)	тутмоқ	tutmoq
aanhouding (de)	қўлга тушириш	qo'lga tushirish

document (het)	ҳужжат	hujjat
bewijs (het)	исбот	isbot
bewijzen (ww)	исботламоқ	isbotlamoq
voetspoor (het)	из	iz
vingerafdrukken (mv.)	бармоқ излари	barmoq izlari
bewijs (het)	далил	dalil

| alibi (het) | алиби | alibi |
| onschuldig (bn) | бегуноҳ | begunoh |

| onrecht (het) | адолацизлик | adolatsizlik |
| onrechtvaardig (bn) | адолациз | adolatsiz |

crimineel (bn)	жиноий	jinoiy
confisqueren (in beslag nemen)	мусодара қилмоқ	musodara qilmoq
drug (de)	наркотик	narkotik
wapen (het)	қурол	qurol
ontwapenen (ww)	қуролсизлантирмоқ	qurolsizlantirmoq
bevelen (ww)	буюрмоқ	buyurmoq
verdwijnen (ww)	ғойиб бўлмоқ	g'oyib bo'lmoq

wet (de)	қонун	qonun
wettelijk (bn)	қонуний	qonuniy
onwettelijk (bn)	ноқонуний	noqonuniy

| verantwoordelijkheid (de) | масъулият | mas'uliyat |
| verantwoordelijk (bn) | маъсулиятли | ma'suliyatli |

NATUUR

De Aarde. Deel 1

164. De kosmische ruimte

kosmos (de)	космос	kosmos
kosmisch (bn)	космик	kosmik
kosmische ruimte (de)	космик фазо	kosmik fazo
wereld (de)	олам	olam
heelal (het)	коинот	koinot
sterrenstelsel (het)	галактика	galaktika
ster (de)	юлдуз	yulduz
sterrenbeeld (het)	юлдузлар туркуми	yulduzlar turkumi
planeet (de)	планета	planeta
satelliet (de)	йўлдош	yo'ldosh
meteoriet (de)	метеорит	meteorit
komeet (de)	комета	kometa
asteroïde (de)	астероид	asteroid
baan (de)	орбита	orbita
draaien (om de zon, enz.)	айланмоқ	aylanmoq
atmosfeer (de)	атмосфера	atmosfera
Zon (de)	Қуёш	Quyosh
zonnestelsel (het)	Қуёш системаси	Quyosh sistemasi
zonsverduistering (de)	Қуёш тутилиши	Quyosh tutilishi
Aarde (de)	Ер	Er
Maan (de)	Ой	Oy
Mars (de)	Марс	Mars
Venus (de)	Венера	Venera
Jupiter (de)	Юпитер	Yupiter
Saturnus (de)	Сатурн	Saturn
Mercurius (de)	Меркурий	Merkuriy
Uranus (de)	Уран	Uran
Neptunus (de)	Нептун	Neptun
Pluto (de)	Плутон	Pluton
Melkweg (de)	Сомон йўли	Somon Yo'li
Grote Beer (de)	Катта айиқ	Katta ayiq
Poolster (de)	Қутб Юлдузи	Qutb Yulduzi
marsmannetje (het)	марслик	marslik
buitenaards wezen (het)	ўзга сайёралик	o'zga sayyoralik

bovenaards (het)	бегона	begona
vliegende schotel (de)	учар ликопча	uchar likopcha
ruimtevaartuig (het)	космик кема	kosmik kema
ruimtestation (het)	орбитал станция	orbital stantsiya
start (de)	старт	start
motor (de)	двигател	dvigatel
straalpijp (de)	сопло	soplo
brandstof (de)	ёқилғи	yoqilg'i
cabine (de)	кабина	kabina
antenne (de)	антенна	antenna
patrijspoort (de)	иллюминатор	illyuminator
zonnebatterij (de)	қуёш батареяси	quyosh batareyasi
ruimtepak (het)	скафандр	skafandr
gewichtloosheid (de)	вазнсизлик	vaznsizlik
zuurstof (de)	кислород	kislorod
koppeling (de)	туташтириш	tutashtirish
koppeling maken	туташтирмоқ	tutashtirmoq
observatorium (het)	обсерватория	observatoriya
telescoop (de)	телескоп	teleskop
waarnemen (ww)	кузатмоқ	kuzatmoq
exploreren (ww)	тадқиқ қилмоқ	tadqiq qilmoq

165. De Aarde

Aarde (de)	Ер	Er
aardbol (de)	ер шари	er shari
planeet (de)	планета	planeta
atmosfeer (de)	атмосфера	atmosfera
aardrijkskunde (de)	география	geografiya
natuur (de)	табиат	tabiat
wereldbol (de)	глобус	globus
kaart (de)	харита	xarita
atlas (de)	атлас	atlas
Europa (het)	Европа	Evropa
Azië (het)	Осиё	Osiyo
Afrika (het)	Африка	Afrika
Australië (het)	Австралия	Avstraliya
Amerika (het)	Америка	Amerika
Noord-Amerika (het)	Шимолий Америка	Shimoliy Amerika
Zuid-Amerika (het)	Жанубий Америка	Janubiy Amerika
Antarctica (het)	Антарктида	Antarktida
Arctis (de)	Арктика	Arktika

166. Windrichtingen

noorden (het)	шимол	shimol
naar het noorden	шимолга	shimolga
in het noorden	шимолда	shimolda
noordelijk (bn)	шимолий	shimoliy
zuiden (het)	жануб	janub
naar het zuiden	жанубга	janubga
in het zuiden	жанубда	janubda
zuidelijk (bn)	жанубий	janubiy
westen (het)	ғарб	g'arb
naar het westen	ғарбга	g'arbga
in het westen	ғарбда	g'arbda
westelijk (bn)	ғарбий	g'arbiy
oosten (het)	шарқ	sharq
naar het oosten	шарқга	sharqga
in het oosten	шарқда	sharqda
oostelijk (bn)	шарқий	sharqiy

167. Zee. Oceaan

zee (de)	денгиз	dengiz
oceaan (de)	океан	okean
golf (baai)	кўрфаз	ko'rfaz
straat (de)	бўғоз	bo'g'oz
continent (het)	материк	materik
eiland (het)	орол	orol
schiereiland (het)	ярим орол	yarim orol
archipel (de)	архипелаг	arxipelag
baai, bocht (de)	кўрфаз	ko'rfaz
haven (de)	бандаргоҳ	bandargoh
lagune (de)	лагуна	laguna
kaap (de)	бурун	burun
atol (de)	атолл	atoll
rif (het)	сув ичидаги қоя	suv ichidagi qoya
koraal (het)	маржон	marjon
koraalrif (het)	маржон қоялари	marjon qoyalari
diep (bn)	чуқур	chuqur
diepte (de)	чуқурлик	chuqurlik
diepzee (de)	тагсиз чуқурлик	tagsiz chuqurlik
trog (bijv. Marianentrog)	камгак	kamgak
stroming (de)	оқим	oqim
omspoelen (ww)	ювмоқ	yuvmoq
oever (de)	қирғоқ	qirg'oq
kust (de)	қирғоқ бўйи	qirg'oq bo'yi

vloed (de)	сувнинг кўтарилиши	suvning ko'tarilishi
eb (de)	сувнинг пасайиши	suvning pasayishi
ondiepte (ondiep water)	саёзлик	sayozlik
bodem (de)	туб	tub

golf (hoge ~)	тўлқин	to'lqin
golfkam (de)	тўлқин ўркачи	to'lqin o'rkachi
schuim (het)	кўпик	ko'pik

orkaan (de)	бўрон	bo'ron
tsunami (de)	сунами	sunami
windstilte (de)	штил	shtil
kalm (bijv. ~e zee)	тинч	tinch

pool (de)	қутб	qutb
polair (bn)	қутбий	qutbiy

breedtegraad (de)	кенглик	kenglik
lengtegraad (de)	узунлик	uzunlik
parallel (de)	параллел	parallel
evenaar (de)	экватор	ekvator

hemel (de)	осмон	osmon
horizon (de)	уфқ	ufq
lucht (de)	ҳаво	havo

vuurtoren (de)	маёқ	mayoq
duiken (ww)	шўнғимоқ	sho'ng'imoq
zinken (ov. een boot)	чўкиб кетмоқ	cho'kib ketmoq
schatten (mv.)	хазина	xazina

168. Bergen

berg (de)	тоғ	tog'
bergketen (de)	тоғ тизмалари	tog' tizmalari
gebergte (het)	тоғ тизмаси	tog' tizmasi

bergtop (de)	чўққи	cho'qqi
bergpiek (de)	чўққи	cho'qqi
voet (ov. de berg)	етак	etak
helling (de)	ёнбағир	yonbag'ir

vulkaan (de)	вулқон	vulqon
actieve vulkaan (de)	ҳаракатдаги вулқон	harakatdagi vulqon
uitgedoofde vulkaan (de)	ўчган вулқон	o'chgan vulqon

uitbarsting (de)	отилиш	otilish
krater (de)	кратер	krater
magma (het)	магма	magma
lava (de)	лава	lava
gloeiend (~e lava)	қизиган	qizigan

kloof (canyon)	канён	kanyon
bergkloof (de)	дара	dara

157

spleet (de)	тоғ оралиғи	tog' oralig'i
bergpas (de)	довон	dovon
plateau (het)	ясси тоғ	yassi tog'
klip (de)	қоя	qoya
heuvel (de)	тепалик	tepalik

gletsjer (de)	музлик	muzlik
waterval (de)	шаршара	sharshara
geiser (de)	гейзер	geyzer
meer (het)	кўл	ko'l

vlakte (de)	текислик	tekislik
landschap (het)	манзара	manzara
echo (de)	акс-садо	aks-sado

alpinist (de)	алпинист	alpinist
bergbeklimmer (de)	қояларга чиқувчи спортчи	qoyalarga chiquvchi sportchi
trotseren (berg ~)	забт этмоқ	zabt etmoq
beklimming (de)	тоққа чиқиш	toqqa chiqish

169. Rivieren

rivier (de)	дарё	daryo
bron (~ van een rivier)	булоқ	buloq
rivierbedding (de)	ўзан	o'zan
rivierbekken (het)	ховуз	hovuz
uitmonden in ...	... га қўшилмоқ	... ga qo'shilmoq

| zijrivier (de) | ирмоқ | irmoq |
| oever (de) | қирғоқ | qirg'oq |

stroming (de)	оқим	oqim
stroomafwaarts (bw)	оқимнинг қуйиси бўйича	oqimning quyisi bo'yicha
stroomopwaarts (bw)	оқимнинг юқориси бўйича	oqimning yuqorisi bo'yicha

overstroming (de)	сув босиши	suv bosishi
overstroming (de)	сув тошқини	suv toshqini
buiten zijn oevers treden	дарёнинг тошиши	daryoning toshishi
overstromen (ww)	сув бостирмоқ	suv bostirmoq

| zandbank (de) | саёзлик | sayozlik |
| stroomversnelling (de) | остонатош | ostonatosh |

dam (de)	тўғон	to'g'on
kanaal (het)	канал	kanal
spaarbekken (het)	сув омбори	suv ombori
sluis (de)	шлюз	shlyuz

waterlichaam (het)	ҳавза	havza
moeras (het)	ботқоқ	botqoq
broek (het)	ботқоқлик	botqoqlik
draaikolk (de)	гирдоб	girdob
stroom (de)	жилға	jilg'a
drink- (abn)	ичиладиган	ichiladigan

zoet (~ water)	чучук	chuchuk
IJs (het)	муз	muz
bevriezen (rivier, enz.)	музлаб қолмоқ	muzlab qolmoq

170. Bos

| bos (het) | ўрмон | o'rmon |
| bos- (abn) | ўрмон | o'rmon |

oerwoud (dicht bos)	чангалзор	changalzor
bosje (klein bos)	дарахтзор	daraxtzor
open plek (de)	яланглик	yalanglik

| struikgewas (het) | чангалзор | changalzor |
| struiken (mv.) | бутазор | butazor |

| paadje (het) | сўқмоқча | so'qmoqcha |
| ravijn (het) | жарлик | jarlik |

boom (de)	дарахт	daraxt
blad (het)	барг	barg
gebladerte (het)	барглар	barglar

vallende bladeren (mv.)	хазонрезгилик	xazonrezgilik
vallen (ov. de bladeren)	тўкилмоқ	to'kilmoq
boomtop (de)	уч	uch

tak (de)	шох	shox
ent (de)	бутоқ	butoq
knop (de)	куртак	kurtak
naald (de)	игна	igna
dennenappel (de)	ғудда	g'udda

boom holte (de)	ковак	kovak
nest (het)	уя	uya
hol (het)	ин	in

stam (de)	тана	tana
wortel (bijv. boom~s)	илдиз	ildiz
schors (de)	пўстлоқ	po'stloq
mos (het)	мох	mox

ontwortelen (een boom)	кавламоқ	kavlamoq
kappen (een boom ~)	чопмоқ	chopmoq
ontbossen (ww)	кесиб ташламоқ	kesib tashlamoq
stronk (de)	тўнка	to'nka

kampvuur (het)	гулхан	gulxan
bosbrand (de)	ёнғин	yong'in
blussen (ww)	ўчирмоқ	o'chirmoq
boswachter (de)	ўрмончи	o'rmonchi
bescherming (de)	муҳофаза	muhofaza
beschermen	муҳофаза қилмоқ	muhofaza qilmoq
(bijv. de natuur ~)		

| stroper (de) | браконер | brakoner |
| val (de) | қопқон | qopqon |

| plukken (vruchten, enz.) | термоқ | termoq |
| verdwalen (de weg kwijt zijn) | адашиб қолмоқ | adashib qolmoq |

171. Natuurlijke hulpbronnen

natuurlijke rijkdommen (mv.)	табиий ресурслар	tabiiy resurslar
delfstoffen (mv.)	фойдали қазилмалар	foydali qazilmalar
lagen (mv.)	қатлам бўлиб ётган конлар	qatlam bo'lib yotgan konlar
veld (bijv. olie~)	кон	kon

winnen (uit erts ~)	қазиб олмоқ	qazib olmoq
winning (de)	кончилик	konchilik
erts (het)	руда	ruda
mijn (bijv. kolenmijn)	кон	kon
mijnschacht (de)	шахта	shaxta
mijnwerker (de)	кончи	konchi

| gas (het) | газ | gaz |
| gasleiding (de) | газ қувури | gaz quvuri |

olie (aardolie)	нефт	neft
olieleiding (de)	нефт қувури	neft quvuri
oliebron (de)	нефт минораси	neft minorasi
boortoren (de)	бурғилаш минораси	burg'ilash minorasi
tanker (de)	танкер	tanker

zand (het)	қум	qum
kalksteen (de)	оҳактош	ohaktosh
grind (het)	шағал	shag'al
veen (het)	торф	torf
klei (de)	лой	loy
steenkool (de)	кўмир	ko'mir

IJzer (het)	темир	temir
goud (het)	олтин	oltin
zilver (het)	кумуш	kumush
nikkel (het)	никел	nikel
koper (het)	мис	mis

zink (het)	рух	rux
mangaan (het)	марганец	marganets
kwik (het)	симоб	simob
lood (het)	қўрғошин	qo'rg'oshin

mineraal (het)	минерал	mineral
kristal (het)	кристалл	kristall
marmer (het)	мармар	marmar
uraan (het)	уран	uran

De Aarde. Deel 2

172. Weer

weer (het)	об-ҳаво	ob-havo
weersvoorspelling (de)	об-ҳаво маълумоти	ob-havo ma'lumoti
temperatuur (de)	ҳарорат	harorat
thermometer (de)	термометр	termometr
barometer (de)	барометр	barometr
vochtigheid (de)	намлик	namlik
hitte (de)	иссиқ	issiq
heet (bn)	жазирама	jazirama
het is heet	иссиқ	issiq
het is warm	илиқ	iliq
warm (bn)	илиқ	iliq
het is koud	совуқ	sovuq
koud (bn)	совуқ	sovuq
zon (de)	қуёш	quyosh
schijnen (de zon)	нур сочмоқ	nur sochmoq
zonnig (~e dag)	қуёшли	quyoshli
opgaan (ov. de zon)	чиқмоқ	chiqmoq
ondergaan (ww)	ўтирмоқ	o'tirmoq
wolk (de)	булут	bulut
bewolkt (bn)	булутли	bulutli
regenwolk (de)	булут	bulut
somber (bn)	булутли	bulutli
regen (de)	ёмғир	yomg'ir
het regent	ёмғир ёғяпти	yomg'ir yog'yapti
regenachtig (bn)	ёмғирли	yomg'irli
motregenen (ww)	майдалаб ёғмоқ	maydalab yog'moq
plensbui (de)	шаррос ёмғир	sharros yomg'ir
stortbui (de)	жала	jala
hard (bn)	кучли	kuchli
plas (de)	кўлмак	ko'lmak
nat worden (ww)	хўл бўлмоқ	xo'l bo'lmoq
mist (de)	туман	tuman
mistig (bn)	туманли	tumanli
sneeuw (de)	қор	qor
het sneeuwt	қор ёғяпти	qor yog'yapti

173. Zwaar weer. Natuurrampen

noodweer (storm)	момақалдироқ	momaqaldiroq
bliksem (de)	чақмоқ	chaqmoq
flitsen (ww)	чарақламоқ	charaqlamoq
donder (de)	момақалдироқ	momaqaldiroq
donderen (ww)	гумбурламоқ	gumburlamoq
het dondert	момақалдироқ гумбурлаяпти	momaqaldiroq gumburlayapti
hagel (de)	дўл	do'l
het hagelt	дўл ёғяпти	do'l yog'yapti
overstromen (ww)	сув бостирмоқ	suv bostirmoq
overstroming (de)	сув босиши	suv bosishi
aardbeving (de)	зилзила	zilzila
aardschok (de)	силкиниш	silkinish
epicentrum (het)	епицентр	epitsentr
uitbarsting (de)	отилиш	otilish
lava (de)	лава	lava
wervelwind (de)	қуюн	quyun
windhoos (de)	торнадо	tornado
tyfoon (de)	тўфон	to'fon
orkaan (de)	бўрон	bo'ron
storm (de)	довул	dovul
tsunami (de)	сунами	sunami
cycloon (de)	сиклон	siklon
onweer (het)	ёғингарчилик	yog'ingarchilik
brand (de)	ёнғин	yong'in
ramp (de)	ҳалокат	halokat
meteoriet (de)	метеорит	meteorit
lawine (de)	кўчки	ko'chki
sneeuwverschuiving (de)	қор кўчкиси	qor ko'chkisi
sneeuwjacht (de)	қор бўрони	qor bo'roni
sneeuwstorm (de)	қор бўралаши	qor bo'ralashi

Fauna

174. Zoogdieren. Roofdieren

roofdier (het)	йирткич	yirtqich
tijger (de)	йўлбарс	yo'lbars
leeuw (de)	шер	sher
wolf (de)	бўри	bo'ri
vos (de)	тулки	tulki
jaguar (de)	ягуар	yaguar
luipaard (de)	коплон	qoplon
jachtluipaard (de)	гепард	gepard
panter (de)	кора коплон	qora qoplon
poema (de)	пума	puma
sneeuwluipaard (de)	кор коплони	qor qoploni
lynx (de)	силовсин	silovsin
coyote (de)	коёт	koyot
jakhals (de)	шокол	shoqol
hyena (de)	сиртлон	sirtlon

175. Wilde dieren

dier (het)	жонивор	jonivor
beest (het)	хайвон	hayvon
eekhoorn (de)	олмахон	olmaxon
egel (de)	типратикан	tipratikan
haas (de)	куён	quyon
konijn (het)	куён	quyon
das (de)	бўрсик	bo'rsiq
wasbeer (de)	енот	enot
hamster (de)	огмахон	og'maxon
marmot (de)	сугур	sug'ur
mol (de)	кўр каламуш	ko'r kalamush
muis (de)	сичкон	sichqon
rat (de)	каламуш	kalamush
vleermuis (de)	кўршапалак	ko'rshapalak
hermelijn (de)	оксувсар	oqsuvsar
sabeldier (het)	собол	sobol
marter (de)	сувсар	suvsar
wezel (de)	латча	latcha
nerts (de)	коракўзан	qorako'zan

bever (de)	сув қундузи	suv qunduzi
otter (de)	қундуз	qunduz
paard (het)	от	ot
eland (de)	лос	los
hert (het)	буғу	bug'u
kameel (de)	туя	tuya
bizon (de)	бизон	bizon
oeros (de)	зубр	zubr
buffel (de)	буйвол	buyvol
zebra (de)	зебра	zebra
antilope (de)	антилопа	antilopa
ree (de)	кичик буғу	kichik bug'u
damhert (het)	кийик	kiyik
gems (de)	тоғ кийик	tog' kiyik
everzwijn (het)	тўнғиз	to'ng'iz
walvis (de)	кит	kit
rob (de)	тюлен	tyulen
walrus (de)	морж	morj
zeehond (de)	денгиз мушуги	dengiz mushugi
dolfijn (de)	делфин	delfin
beer (de)	айиқ	ayiq
IJsbeer (de)	оқ айиқ	oq ayiq
panda (de)	панда	panda
aap (de)	маймун	maymun
chimpansee (de)	шимпанзе	shimpanze
orang-oetan (de)	орангутанг	orangutang
gorilla (de)	горилла	gorilla
makaak (de)	макака	makaka
gibbon (de)	гиббон	gibbon
olifant (de)	фил	fil
neushoorn (de)	каркидон	karkidon
giraffe (de)	жираф	jiraf
nijlpaard (het)	бегемот	begemot
kangoeroe (de)	кенгуру	kenguru
koala (de)	коала	koala
mangoest (de)	мангуст	mangust
chinchilla (de)	шиншилла	shinshilla
stinkdier (het)	сассиқ кўзан	sassiq ko'zan
stekelvarken (het)	жайра	jayra

176. Huisdieren

poes (de)	мушук	mushuk
kater (de)	мушук	mushuk
hond (de)	ит	it

paard (het)	от	ot
hengst (de)	айғир	ayg'ir
merrie (de)	бия	biya

koe (de)	мол	mol
stier (de)	буқа	buqa
os (de)	хўкиз	ho'kiz

schaap (het)	қўй	qo'y
ram (de)	қўчқор	qo'chqor
geit (de)	ечки	echki
bok (de)	така	taka

| ezel (de) | ешак | eshak |
| muilezel (de) | хачир | xachir |

varken (het)	чўчқа	cho'chqa
biggetje (het)	чўчқа боласи	cho'chqa bolasi
konijn (het)	қуён	quyon

| kip (de) | товуқ | tovuq |
| haan (de) | хўроз | xo'roz |

eend (de)	ўрдак	o'rdak
woerd (de)	ўрдак	o'rdak
gans (de)	ғоз	g'oz

| kalkoen haan (de) | курка | kurka |
| kalkoen (de) | курка | kurka |

huisdieren (mv.)	уй ҳайвонлари	uy hayvonlari
tam (bijv. hamster)	қўлга ўргатилган	qo'lga o'rgatilgan
temmen (tam maken)	қўлга ўргатмоқ	qo'lga o'rgatmoq
fokken (bijv. paarden ~)	боқмоқ	boqmoq

boerderij (de)	ферма	ferma
gevogelte (het)	уй паррандаси	uy parrandasi
rundvee (het)	мол	mol
kudde (de)	пода	poda

paardenstal (de)	отхона	otxona
zwijnenstal (de)	чўчқахона	cho'chqaxona
koeienstal (de)	молхона	molxona
konijnenhok (het)	қуёнхона	quyonxona
kippenhok (het)	товуқхона	tovuqxona

177. Honden. Hondenrassen

hond (de)	ит	it
herdershond (de)	овчарка	ovcharka
poedel (de)	пудел	pudel
teckel (de)	такса	taksa
buldog (de)	булдог	buldog
boxer (de)	боксёр	boksyor

mastiff (de)	мастиф	mastif
rottweiler (de)	ротвейлер	rotveyler
doberman (de)	доберман	doberman

basset (de)	бассет	basset
bobtail (de)	бобтейл	bobteyl
dalmatiër (de)	далматин	dalmatin
cockerspaniël (de)	кокер-спаниел	koker-spaniel

| newfoundlander (de) | нюфаундленд | nyufaundlend |
| sint-bernard (de) | сенбернар | senbernar |

poolhond (de)	хаски	xaski
chowchow (de)	чау-чау	chau-chau
spits (de)	шпиц	shpits
mopshond (de)	мопс	mops

178. Dierengeluiden

geblaf (het)	вовиллаш	vovillash
blaffen (ww)	вовилламоқ	vovillamoq
miauwen (ww)	миёвламоқ	miyovlamoq
spinnen (katten)	хурилламоқ	xurillamoq

loeien (ov. een koe)	маърамоқ	ma'ramoq
brullen (stier)	ўкирмоқ	o'kirmoq
grommen (ov. de honden)	ирилламоқ	irillamoq

gehuil (het)	увиллаш	uvillash
huilen (wolf, enz.)	увламоқ	uvlamoq
janken (ov. een hond)	ангилламоқ	angillamoq

mekkeren (schapen)	баъламоқ	ba'lamoq
knorren (varkens)	хурхурламоқ	xurxurlamoq
gillen (bijv. varken)	чийилламоқ	chiyillamoq

kwaken (kikvorsen)	вақвақламоқ	vaqvaqlamoq
zoemen (hommel, enz.)	визилламоқ	vizillamoq
tjirpen (sprinkhanen)	чирилламоқ	chirillamoq

179. Vogels

vogel (de)	қуш	qush
duif (de)	каптар	kaptar
mus (de)	чумчуқ	chumchuq
koolmees (de)	читтак	chittak
ekster (de)	ҳакка	hakka

raaf (de)	қарға	qarg'a
kraai (de)	қарға	qarg'a
kauw (de)	зоғча	zog'cha
roek (de)	гўнгқарға	go'ngqarg'a

eend (de)	ўрдак	o'rdak
gans (de)	ғоз	g'oz
fazant (de)	қирғовул	qirg'ovul

arend (de)	бургут	burgut
havik (de)	қирғий	qirg'iy
valk (de)	лочин	lochin
gier (de)	калхат	kalxat
condor (de)	кондор	kondor

zwaan (de)	оққуш	oqqush
kraanvogel (de)	турна	turna
ooievaar (de)	лайлак	laylak
papegaai (de)	тўтиқуш	to'tiqush
kolibrie (de)	колибри	kolibri
pauw (de)	товус	tovus

struisvogel (de)	туяқуш	tuyaqush
reiger (de)	қарқара	qarqara
flamingo (de)	фламинго	flamingo
pelikaan (de)	саққуш	saqoqush

nachtegaal (de)	булбул	bulbul
zwaluw (de)	қалдирғоч	qaldirg'och
lijster (de)	қораялоқ	qorayaloq
zanglijster (de)	сайроқи қораялоқ	sayroqi qorayaloq
merel (de)	қора қораялоқ	qora qorayaloq

gierzwaluw (de)	жарқалдирғоч	jarqaldirg'och
leeuwerik (de)	тўрғай	to'rg'ay
kwartel (de)	бедана	bedana

specht (de)	қизилиштон	qizilishton
koekoek (de)	какку	kakku
uil (de)	бойқуш	boyqush
oehoe (de)	укки	ukki
auerhoen (het)	карқуш	karqush
korhoen (het)	қур	qur
patrijs (de)	каклик	kaklik

spreeuw (de)	чуғурчиқ	chug'urchiq
kanarie (de)	канарейка	kanareyka
hazelhoen (het)	булдуруқ	bulduruq
vink (de)	зяблик	zyablik
goudvink (de)	снегир	snegir

meeuw (de)	чайка	chayka
albatros (de)	албатрос	albatros
pinguïn (de)	пингвин	pingvin

180. Vogels. Zingen en geluiden

fluiten, zingen (ww)	куйламоқ	kuylamoq
schreeuwen (dieren, vogels)	бақирмоқ	baqirmoq

| kraaien (ov. een haan) | қичқирмоқ | qichqirmoq |
| kukeleku | қичқириқ | qichqiriq |

klokken (hen)	қақағламоқ	qaqag'lamoq
krassen (kraai)	қағилламоқ	qag'illamoq
kwaken (eend)	ғақғақламоқ	g'aqg'aqlamoq
piepen (kuiken)	чийилламоқ	chiyillamoq
tjilpen (bijv. een mus)	чирқилламоқ	chirqillamoq

181. Vis. Zeedieren

brasem (de)	лешч	leshch
karper (de)	зоғорабалиқ	zog'orabaliq
baars (de)	олабуға	olabug'a
meerval (de)	лаққа балиқ	laqqa baliq
snoek (de)	чўртанбалиқ	cho'rtanbaliq

| zalm (de) | лосос | losos |
| steur (de) | осётр | osyotr |

| haring (de) | селд | seld |
| atlantische zalm (de) | сёмга | syomga |

| makreel (de) | скумбрия | skumbriya |
| platvis (de) | камбала | kambala |

| snoekbaars (de) | судак | sudak |
| kabeljauw (de) | треска | treska |

| tonijn (de) | тунец | tunets |
| forel (de) | форел | forel |

| paling (de) | илонбалиқ | ilonbaliq |
| sidderrog (de) | електр скат | elektr skat |

| murene (de) | мурена | murena |
| piranha (de) | пираня | piranya |

haai (de)	акула	akula
dolfijn (de)	делфин	delfin
walvis (de)	кит	kit

krab (de)	қисқичбақа	qisqichbaqa
kwal (de)	медуза	meduza
octopus (de)	саккизоёқ	sakkizoyoq

zeester (de)	денгиз юлдузи	dengiz yulduzi
zee-egel (de)	денгиз кирписи	dengiz kirpisi
zeepaardje (het)	денгиз оти	dengiz oti

oester (de)	устрица	ustritsa
garnaal (de)	креветка	krevetka
kreeft (de)	омар	omar
langoest (de)	лангуст	langust

182. Amfibieën. Reptielen

slang (de)	илон	ilon
giftig (slang)	заҳарли	zaharli
adder (de)	қора илон	qora ilon
cobra (de)	кобра	kobra
python (de)	питон	piton
boa (de)	бўғма илон	bo'g'ma ilon
ringslang (de)	сувилон	suvilon
ratelslang (de)	шақилдоқ илон	shaqildoq ilon
anaconda (de)	анаконда	anakonda
hagedis (de)	калтакесак	kaltakesak
leguaan (de)	игуана	iguana
varaan (de)	ечкиемар	echkiemar
salamander (de)	саламандра	salamandra
kameleon (de)	хамелеон	xameleon
schorpioen (de)	чаён	chayon
schildpad (de)	тошбақа	toshbaqa
kikker (de)	бақа	baqa
pad (de)	қурбақа	qurbaqa
krokodil (de)	тимсоҳ	timsoh

183. Insecten

insect (het)	ҳашарот	hasharot
vlinder (de)	капалак	kapalak
mier (de)	чумоли	chumoli
vlieg (de)	пашша	pashsha
mug (de)	чивин	chivin
kever (de)	қўнғиз	qo'ng'iz
wesp (de)	ари	ari
bij (de)	асалари	asalari
hommel (de)	қовоқари	qovoqari
horzel (de)	сўна	so'na
spin (de)	ўргимчак	o'rgimchak
spinnenweb (het)	ўргимчак ини	o'rgimchak ini
libel (de)	ниначи	ninachi
sprinkhaan (de)	чигиртка	chigirtka
nachtvlinder (de)	парвона	parvona
kakkerlak (de)	суварак	suvarak
mijt (de)	кана	kana
vlo (de)	бурга	burga
kriebelmug (de)	майда чивин	mayda chivin
treksprinkhaan (de)	чигиртка	chigirtka
slak (de)	шиллиқ қурт	shilliq qurt

krekel (de)	қора чигиртка	qora chigirtka
glimworm (de)	ялтироқ қўнғиз	yaltiroq qo'ng'iz
lieveheersbeestje (het)	хонқизи	xonqizi
meikever (de)	тиллақўнғиз	tillaqo'ng'iz

bloedzuiger (de)	зулук	zuluk
rups (de)	капалак қурти	kapalak qurti
aardworm (de)	чувалчанг	chuvalchang
larve (de)	қурт	qurt

184. Dieren. Lichaamsdelen

snavel (de)	тумшуқ	tumshuq
vleugels (mv.)	қанотлар	qanotlar
poot (ov. een vogel)	панжа	panja
verenkleed (het)	қуш патлари	qush patlari
veer (de)	пат	pat
kuifje (het)	кокилча	kokilcha

kieuwen (mv.)	ойқулоқ	oyquloq
kuit, dril (de)	увилдириқ	uvildiriq
larve (de)	қурт	qurt
vin (de)	сузгич	suzgich
schubben (mv.)	тангача	tangacha

slagtand (de)	қозиқ тиш	qoziq tish
poot (bijv. ~ van een kat)	панжа	panja
muil (de)	тумшуқ	tumshuq
bek (mond van dieren)	оғиз	og'iz
staart (de)	дум	dum
snorharen (mv.)	мўйлов	mo'ylov

| hoef (de) | туёқ | tuyoq |
| hoorn (de) | шох | shox |

schild (schildpad, enz.)	зирҳ	zirh
schelp (de)	чиғаноқ	chig'anoq
eierschaal (de)	қобиқ	qobiq

| vacht (de) | юнг | yung |
| huid (de) | тери | teri |

185. Dieren. Leefomgevingen

| leefgebied (het) | яшаш муҳити | yashash muhiti |
| migratie (de) | миграция | migratsiya |

berg (de)	тоғ	tog'
rif (het)	сув ичидаги қоя	suv ichidagi qoya
klip (de)	қоя	qoya
bos (het)	ўрмон	o'rmon
jungle (de)	жунгли	jungli

savanne (de)	саванна	savanna
toendra (de)	тундра	tundra
steppe (de)	чўл	cho'l
woestijn (de)	сахро	sahro
oase (de)	воха	voha
zee (de)	денгиз	dengiz
meer (het)	кўл	ko'l
oceaan (de)	океан	okean
moeras (het)	ботқоқ	botqoq
zoetwater- (abn)	чучук сувли	chuchuk suvli
vijver (de)	ховуз	hovuz
rivier (de)	дарё	daryo
berenhol (het)	айиқ ини	ayiq ini
nest (het)	уя	uya
boom holte (de)	ковак	kovak
hol (het)	ин	in
mierenhoop (de)	чумоли ини	chumoli ini

Flora

186. Bomen

boom (de)	дарахт	daraxt
loof- (abn)	баргли	bargli
dennen- (abn)	игнабаргли	ignabargli
groenblijvend (bn)	доимяшил	doimyashil
appelboom (de)	олма	olma
perenboom (de)	нок	nok
zoete kers (de)	гилос	gilos
zure kers (de)	олча	olcha
pruimelaar (de)	олхўри	olxo'ri
berk (de)	оқ қайин	oq qayin
eik (de)	еман	eman
linde (de)	жўка дарахти	jo'ka daraxti
esp (de)	тоғтерак	tog'terak
esdoorn (de)	заранг дарахти	zarang daraxti
spar (de)	қорақарағай	qoraqarag'ay
den (de)	қарағай	qarag'ay
lariks (de)	тилоғоч	tilog'och
zilverspar (de)	оққарағай	oqqarag'ay
ceder (de)	кедр	kedr
populier (de)	терак	terak
lijsterbes (de)	четан	chetan
wilg (de)	мажнунтол	majnuntol
els (de)	олха	olxa
beuk (de)	қора қайин	qora qayin
iep (de)	қайрағоч	qayrag'och
es (de)	шумтол	shumtol
kastanje (de)	каштан	kashtan
magnolia (de)	магнолия	magnoliya
palm (de)	палма	palma
cipres (de)	кипарис	kiparis
mangrove (de)	мангро дарахти	mangro daraxti
baobab (apenbroodboom)	баобаб	baobab
eucalyptus (de)	евкалипт	evkalipt
mammoetboom (de)	секвойя	sekvoyya

187. Heesters

struik (de)	бута	buta
heester (de)	бутазор	butazor

wijnstok (de)	узум	uzum
wijngaard (de)	узумзор	uzumzor

frambozenstruik (de)	малина	malina
rode bessenstruik (de)	қизил смородина	qizil smorodina
kruisbessenstruik (de)	крижовник	krijovnik

acacia (de)	акация	akatsiya
zuurbes (de)	зирк	zirk
jasmijn (de)	ясмин	yasmin

jeneverbes (de)	қора арча	qora archa
rozenstruik (de)	атиргул тупи	atirgul tupi
hondsroos (de)	наъматак	na'matak

188. Champignons

paddenstoel (de)	қўзиқорин	qo'ziqorin
eetbare paddenstoel (de)	еса бўладиган қўзиқорин	esa bo'ladigan qo'ziqorin
giftige paddenstoel (de)	заҳарли қўзиқорин	zaharli qo'ziqorin
hoed (de)	салла	salla
steel (de)	оёқча	oyoqcha

gewoon eekhoorntjesbrood (het)	оқ қўзиқорин	oq qo'ziqorin
rosse populierenboleet (de)	қизил қўзиқорин	qizil qo'ziqorin
berkenboleet (de)	подберёзовик	podberyozovik
cantharel (de)	лисичка	lisichka
russula (de)	сироежка	siroejka

morille (de)	сморчок	smorchok
vliegenzwam (de)	мухомор	muxomor
groene knolzwam (de)	қурбақасалла	qurbaqasalla

189. Vruchten. Bessen

vrucht (de)	мева	meva
vruchten (mv.)	мевалар	mevalar
appel (de)	олма	olma
peer (de)	нок	nok
pruim (de)	олхўри	olxo'ri

aardbei (de)	қулупнай	qulupnay
zure kers (de)	олча	olcha
zoete kers (de)	гилос	gilos
druif (de)	узум	uzum

framboos (de)	малина	malina
zwarte bes (de)	қора смородина	qora smorodina
rode bes (de)	қизил смородина	qizil smorodina
kruisbes (de)	крижовник	krijovnik
veenbes (de)	клюква	klyukva

sinaasappel (de)	апелсин	apelsin
mandarijn (de)	мандарин	mandarin
ananas (de)	ананас	ananas
banaan (de)	банан	banan
dadel (de)	хурмо	xurmo

citroen (de)	лимон	limon
abrikoos (de)	ўрик	o'rik
perzik (de)	шафтоли	shaftoli
kiwi (de)	киви	kivi
grapefruit (de)	грейпфрут	greypfrut

bes (de)	реза мева	reza meva
bessen (mv.)	реза мевалар	reza mevalar
vossenbes (de)	брусника	brusnika
bosaardbei (de)	йертут	yertut
bosbes (de)	черника	chernika

190. Bloemen. Planten

| bloem (de) | гул | gul |
| boeket (het) | даста | dasta |

roos (de)	атиргул	atirgul
tulp (de)	лола	lola
anjer (de)	чиннигул	chinnigul
gladiool (de)	гладиолус	gladiolus

korenbloem (de)	бўтакўз	bo'tako'z
klokje (het)	қўнғироқгул	qo'ng'iroqgul
paardenbloem (de)	momaqaymoq	momaqaymoq
kamille (de)	мойчечак	moychechak

aloë (de)	алое	aloe
cactus (de)	кактус	kaktus
ficus (de)	фикус	fikus

lelie (de)	лилия	liliya
geranium (de)	ёронгул	yorongul
hyacint (de)	сунбул	sunbul

mimosa (de)	мимоза	mimoza
narcis (de)	наргис	nargis
Oostindische kers (de)	лотин чечаги	lotin chechagi

orchidee (de)	орхидея	orxideya
pioenroos (de)	саллагул	sallagul
viooltje (het)	бинафша	binafsha

driekleurig viooltje (het)	капалакгул	kapalakgul
vergeet-mij-nietje (het)	бўтакўз	bo'tako'z
madeliefje (het)	дасторгул	dastorgul
papaver (de)	кўкнор	ko'knor
hennep (de)	наша ўсимлиги	nasha o'simligi

munt (de)	ялпиз	yalpiz
lelietje-van-dalen (het)	марваридгул	marvaridgul
sneeuwklokje (het)	бойчечак	boychechak

brandnetel (de)	қичитқи ўт	qichitqi o't
veldzuring (de)	шовул	shovul
waterlelie (de)	нилфия	nilfiya
varen (de)	қирққулоқ	qirqquloq
korstmos (het)	лишайник	lishaynik

oranjerie (de)	оранжерея	oranjereya
gazon (het)	газон	gazon
bloemperk (het)	клумба	klumba

plant (de)	ўсимлик	o'simlik
gras (het)	ўт	o't
grasspriet (de)	ўт пояси	o't poyasi

blad (het)	барг	barg
bloemblad (het)	гулбарг	gulbarg
stengel (de)	поя	poya
knol (de)	тугунак	tugunak

| scheut (de) | куртак | kurtak |
| doorn (de) | тиканак | tikanak |

bloeien (ww)	гулламоқ	gullamoq
verwelken (ww)	сўлимоқ	so'limoq
geur (de)	хид	hid
snijden (bijv. bloemen ~)	кесиб олмоқ	kesib olmoq
plukken (bloemen ~)	узмоқ, узиб олмоқ	uzmoq, uzib olmoq

191. Granen, graankorrels

graan (het)	ғалла	g'alla
graangewassen (mv.)	ғалла ўсимликлари	g'alla o'simliklari
aar (de)	бошоқ	boshoq

tarwe (de)	буғдой	bug'doy
rogge (de)	жавдар	javdar
haver (de)	сули	suli

| gierst (de) | тариқ | tariq |
| gerst (de) | арпа | arpa |

maïs (de)	маккажўхори	makkajo'xori
rijst (de)	шоли	sholi
boekweit (de)	гречиха	grechixa

erwt (de)	нўхат	no'xat
boon (de)	ловия	loviya
soja (de)	соя	soya
linze (de)	ясмиқ	yasmiq
bonen (mv.)	дуккакли ўсимликлар	dukkakli o'simliklar

REGIONALE AARDRIJKSKUNDE

Landen. Nationaliteiten

192. Politiek. Overheid. Deel 1

politiek (de)	сиёсат	siyosat
politiek (bn)	сиёсий	siyosiy
politicus (de)	сиёсатчи	siyosatchi
staat (land)	давлат	davlat
burger (de)	фуқаро	fuqaro
staatsburgerschap (het)	фуқаролик	fuqarolik
nationaal wapen (het)	миллий герб	milliy gerb
volkslied (het)	миллий мадҳия	milliy madhiya
regering (de)	ҳукумат	hukumat
staatshoofd (het)	мамлакат раҳбари	mamlakat rahbari
parlement (het)	парламент	parlament
partij (de)	партия	partiya
kapitalisme (het)	капитализм	kapitalizm
kapitalistisch (bn)	капиталистик	kapitalistik
socialisme (het)	социализм	sotsializm
socialistisch (bn)	социалистик	sotsialistik
communisme (het)	коммунизм	kommunizm
communistisch (bn)	коммунистик	kommunistik
communist (de)	коммунист	kommunist
democratie (de)	демократия	demokratiya
democraat (de)	демократ	demokrat
democratisch (bn)	демократик	demokratik
democratische partij (de)	демократик партия	demokratik partiya
liberaal (de)	либерал	liberal
liberaal (bn)	либерал	liberal
conservator (de)	консерватор	konservator
conservatief (bn)	консерватив	konservativ
republiek (de)	республика	respublika
republikein (de)	республикачи	respublikachi
Republikeinse Partij (de)	республикачилар партияси	respublikachilar partiyasi
verkiezing (de)	сайловлар	saylovlar
kiezen (ww)	сайламоқ	saylamoq

| kiezer (de) | сайловчи | saylovchi |
| verkiezingscampagne (de) | сайлов кампанияси | saylov kampaniyasi |

stemming (de)	овоз бериш	ovoz berish
stemmen (ww)	овоз бермоқ	ovoz bermoq
stemrecht (het)	овоз бериш ҳуқуқи	ovoz berish huquqi

kandidaat (de)	номзод	nomzod
zich kandideren	ўз номзодини қўймоқ	o'z nomzodini qo'ymoq
campagne (de)	кампания	kampaniya

| oppositie- (abn) | мухолиф | muxolif |
| oppositie (de) | мухолафат | muxolafat |

bezoek (het)	ташриф	tashrif
officieel bezoek (het)	расмий ташриф	rasmiy tashrif
internationaal (bn)	халқаро	xalqaro

| onderhandelingen (mv.) | музокоралар | muzokoralar |
| onderhandelen (ww) | музокоралар олиб бориш | muzokoralar olib borish |

193. Politiek. Overheid. Deel 2

maatschappij (de)	жамият	jamiyat
grondwet (de)	конституция	konstitutsiya
macht (politieke ~)	ҳокимият	hokimiyat
corruptie (de)	коррупция	korruptsiya

| wet (de) | қонун | qonun |
| wettelijk (bn) | қонуний | qonuniy |

| rechtvaardigheid (de) | адолат | adolat |
| rechtvaardig (bn) | адолатли | adolatli |

comité (het)	қўмита	qo'mita
wetsvoorstel (het)	қонун лойиҳаси	qonun loyihasi
begroting (de)	бюджет	byudjet
beleid (het)	сиёсат	siyosat
hervorming (de)	ислоҳот	islohot
radicaal (bn)	радикал	radikal

macht (vermogen)	куч	kuch
machtig (bn)	кучли	kuchli
aanhanger (de)	тарафдор	tarafdor
invloed (de)	таъсир	ta'sir

regime (het)	тузум	tuzum
conflict (het)	низо	nizo
samenzwering (de)	фитна	fitna
provocatie (de)	иғво	ig'vo

omverwerpen (ww)	ағдармоқ	ag'darmoq
omverwerping (de)	ағдариш	ag'darish
revolutie (de)	инқилоб	inqilob

staatsgreep (de)	тўнтариш	to'ntarish
militaire coup (de)	ҳарбий тўнтариш	harbiy to'ntarish
crisis (de)	инқироз	inqiroz
economische recessie (de)	иқтисодий инқироз	iqtisodiy inqiroz
betoger (de)	намойишчи	namoyishchi
betoging (de)	намойиш	namoyish
krijgswet (de)	ҳарбий ҳолат	harbiy holat
militaire basis (de)	ҳарбий база	harbiy baza
stabiliteit (de)	барқарорлик	barqarorlik
stabiel (bn)	барқарор	barqaror
uitbuiting (de)	експлуатация	ekspluatatsiya
uitbuiten (ww)	експлуатация қилмоқ	ekspluatatsiya qilmoq
racisme (het)	ирқчилик	irqchilik
racist (de)	ирқчи	irqchi
fascisme (het)	фашизм	fashizm
fascist (de)	фашист	fashist

194. Landen. Diversen

vreemdeling (de)	чет еллик	chet ellik
buitenlands (bn)	чет ел	chet el
in het buitenland (bw)	чет елларда	chet ellarda
emigrant (de)	муҳожир	muhojir
emigratie (de)	муҳожирлик	muhojirlik
emigreren (ww)	муҳожирликка кетмоқ	muhojirlikka ketmoq
Westen (het)	ғарб	g'arb
Oosten (het)	Шарқ	Sharq
Verre Oosten (het)	Узоқ Шарқ	Uzoq Sharq
beschaving (de)	сивилизация	sivilizatsiya
mensheid (de)	инсоният	insoniyat
wereld (de)	олам	olam
vrede (de)	тинчлик	tinchlik
wereld- (abn)	умумжаҳон	umumjahon
vaderland (het)	ватан	vatan
volk (het)	халқ	xalq
bevolking (de)	аҳоли	aholi
mensen (mv.)	одамлар	odamlar
natie (de)	миллат	millat
generatie (de)	авлод	avlod
gebied (bijv. bezette ~en)	майдон	maydon
regio, streek (de)	ҳудуд	hudud
deelstaat (de)	штат	shtat
traditie (de)	анъана	an'ana
gewoonte (de)	урф-одат	urf-odat

ecologie (de)	екология	ekologiya
Indiaan (de)	хинду	hindu
zigeuner (de)	лўли	lo'li
zigeunerin (de)	лўли аёл	lo'li ayol
zigeuner- (abn)	лўлиларга оид	lo'lilarga oid

rijk (het)	империя	imperiya
kolonie (de)	мустамлака	mustamlaka
slavernij (de)	қуллик	qullik
invasie (de)	бостириб келиш	bostirib kelish
hongersnood (de)	очлик	ochlik

195. Grote religieuze groepen. Bekentenissen

| religie (de) | дин | din |
| religieus (bn) | диний | diniy |

geloof (het)	еътиқод	e'tiqod
geloven (ww)	еътиқод қилмоқ	e'tiqod qilmoq
gelovige (de)	диндор	dindor

| atheïsme (het) | атеизм | ateizm |
| atheïst (de) | атеист | ateist |

christendom (het)	Христиан дини	Xristian dini
christen (de)	христиан	xristian
christelijk (bn)	хистианларга оид	xistianlarga oid

katholicisme (het)	Католицизм	Katolitsizm
katholiek (de)	католик	katolik
katholiek (bn)	католикларга оид	katoliklarga oid

protestantisme (het)	Протестантлик	Protestantlik
Protestante Kerk (de)	Протестантлар черкови	Protestantlar cherkovi
protestant (de)	протестант	protestant

orthodoxie (de)	Православ	Pravoslav
Orthodoxe Kerk (de)	Православ черкови	Pravoslav cherkovi
orthodox	православиега оид	pravoslaviega oid

presbyterianisme (het)	Пресвитерианлик	Presviterianlik
Presbyteriaanse Kerk (de)	Пресвитерианлар черкови	Presviterianlar cherkovi
presbyteriaan (de)	пресвитериан	presviterian

| lutheranisme (het) | Лютеран черкови | Lyuteran cherkovi |
| lutheraan (de) | лютеран | lyuteran |

| baptisme (het) | Баптизм | Baptizm |
| baptist (de) | баптист | baptist |

Anglicaanse Kerk (de)	Англикан черкови	Anglikan cherkovi
anglicaan (de)	англикан	anglikan
mormonisme (het)	Мормонлик	Mormonlik

mormoon (de)	мормон	mormon
Jodendom (het)	Яҳудо дини	Yahudo dini
jood (aanhanger van het Jodendom)	яҳудий	yahudiy

| boeddhisme (het) | Буддизм | Buddizm |
| boeddhist (de) | буддист | buddist |

| hindoeïsme (het) | Ҳиндуизм | Hinduizm |
| hindoe (de) | ҳиндуий | hinduiy |

islam (de)	Ислом	Islom
islamiet (de)	мусулмон	musulmon
islamitisch (bn)	мусулмонларга оид	musulmonlarga oid

sjiisme (het)	Шиалик	Shialik
sjiiet (de)	шиа	shia
soennisme (het)	Суннийлик	Sunniylik
soenniet (de)	сунний	sunniy

196. Religies. Priesters

| priester (de) | руҳоний | ruhoniy |
| paus (de) | Рим Папаси | Rim Papasi |

monnik (de)	роҳиб	rohib
non (de)	роҳиба	rohiba
pastoor (de)	пастор	pastor

abt (de)	аббат	abbat
vicaris (de)	викарий	vikariy
bisschop (de)	епископ	episkop
kardinaal (de)	кардинал	kardinal

predikant (de)	ваъзхон	va'zxon
preek (de)	ваъз	va'z
kerkgangers (mv.)	қавм	qavm

| gelovige (de) | диндор | dindor |
| atheïst (de) | атеист | ateist |

197. Geloof. Christendom. Islam

| Adam | Одам Ато | Odam Ato |
| Eva | Момо Ҳаво | Momo Havo |

God (de)	Худо	Xudo
Heer (de)	Парвардигор	Parvardigor
Almachtige (de)	Қудратли	Qudratli

| zonde (de) | гуноҳ | gunoh |
| zondigen (ww) | гуноҳ қилмоқ | gunoh qilmoq |

zondaar (de)	гуноҳкор	gunohkor
zondares (de)	гуноҳкор аёл	gunohkor ayol
hel (de)	дўзах	do'zax
paradijs (het)	жаннат	jannat
Jezus	Исо	Iso
Jezus Christus	Исо Масиҳ	Iso Masih
Heilige Geest (de)	Муқаддас Руҳ	Muqaddas Ruh
Verlosser (de)	Халоскор	Xaloskor
Maagd Maria (de)	Биби Марям	Bibi Maryam
duivel (de)	Иблис	Iblis
duivels (bn)	иблисона	iblisona
Satan	Шайтон	Shayton
satanisch (bn)	шайтонга оид	shaytonga oid
engel (de)	фаришта	farishta
beschermengel (de)	қўриқловчи фаришта	qo'riqlovchi farishta
engelachtig (bn)	фаришталарга оид	farishtalarga oid
apostel (de)	ҳаворий	havoriy
aartsengel (de)	фаришталарнинг енг каттаси	farishtalarning eng kattasi
antichrist (de)	дажжол	dajjol
Kerk (de)	Черков	Cherkov
bijbel (de)	библия	bibliya
bijbels (bn)	библияга оид	bibliyaga oid
Oude Testament (het)	Таврот	Tavrot
Nieuwe Testament (het)	Инжил	Injil
evangelie (het)	Инжил	Injil
Heilige Schrift (de)	Муқаддас Китоб	Muqaddas Kitob
Hemel, Hemelrijk (de)	Жаннат	Jannat
gebod (het)	муқаддас бурч	muqaddas burch
profeet (de)	пайғамбар	payg'ambar
profetie (de)	пайғамбарлик	payg'ambarlik
Allah	Аллоҳ	Alloh
Mohammed	Муҳаммад	Muhammad
Koran (de)	Қуръон	Qur'on
moskee (de)	мачит	machit
moellah (de)	мулла	mulla
gebed (het)	ибодат	ibodat
bidden (ww)	ибодат қилмоқ	ibodat qilmoq
pelgrimstocht (de)	зиёрат	ziyorat
pelgrim (de)	зиёратчи	ziyoratchi
Mekka	Макка	Makka
kerk (de)	черков	cherkov
tempel (de)	ибодатхона	ibodatxona

kathedraal (de)	бош черков	bosh cherkov
gotisch (bn)	готик	gotik
synagoge (de)	синагога	sinagoga
moskee (de)	мачит	machit
kapel (de)	бутхона	butxona
abdij (de)	аббатлик	abbatlik
nonnenklooster (het)	монастир	monastir
mannenklooster (het)	монастир	monastir
klok (de)	қўнғироқ	qo'ng'iroq
klokkentoren (de)	қўнғироқхона	qo'ng'iroqxona
luiden (klokken)	жаранглатмоқ	jaranglatmoq
kruis (het)	хоч	xoch
koepel (de)	гумбаз	gumbaz
icoon (de)	бут	but
ziel (de)	жон	jon
lot, noodlot (het)	тақдир, қисмат	taqdir, qismat
kwaad (het)	ёвузлик	yovuzlik
goed (het)	эзгулик	ezgulik
vampier (de)	қонхўр	qonxo'r
heks (de)	ялмоғиз	yalmog'iz
demoon (de)	иблис	iblis
geest (de)	руҳ	ruh
verzoeningsleer (de)	гуноҳини ювиш	gunohini yuvish
vrijkopen (ww)	гуноҳини ювмоқ	gunohini yuvmoq
mis (de)	ибодат	ibodat
de mis opdragen	ибодат қилмоқ	ibodat qilmoq
biecht (de)	тавба	tavba
biechten (ww)	тавба қилмоқ	tavba qilmoq
heilige (de)	авлиё	avliyo
heilig (bn)	муқаддас	muqaddas
wijwater (het)	муқаддас сув	muqaddas suv
ritueel (het)	маросим	marosim
ritueel (bn)	маросимга оид	marosimga oid
offerande (de)	қурбонлик	qurbonlik
bijgeloof (het)	хурофот	xurofot
bijgelovig (bn)	хурофий	xurofiy
hiernamaals (het)	нариги дунёдаги ҳаёт	narigi dunyodagi hayot
eeuwige leven (het)	мангу ҳаёт	mangu hayot

DIVERSEN

198. Diverse nuttige woorden

achtergrond (de)	асосий ранг	asosiy rang
balans (de)	мувозанат	muvozanat
basis (de)	асос	asos
begin (het)	бошланиши	boshlanishi
beurt (wie is aan de ~?)	навбат	navbat
categorie (de)	тоифа	toifa
comfortabel (~ bed, enz.)	қулай	qulay
compensatie (de)	компенсация	kompensatsiya
deel (gedeelte)	қисм	qism
deeltje (het)	заррача	zarracha
ding (object, voorwerp)	нарса	narsa
dringend (bn, urgent)	шошилинч	shoshilinch
dringend (bw, met spoed)	тезда	tezda
effect (het)	самара	samara
eigenschap (kwaliteit)	хосса	hossa
einde (het)	интихо	intixo
element (het)	унсур	unsur
feit (het)	далил	dalil
fout (de)	хато	xato
geheim (het)	сир	sir
graad (mate)	даража	daraja
groei (ontwikkeling)	ўсиш	o'sish
hindernis (de)	тўсиқ	to'siq
hinderpaal (de)	тўсиқ	to'siq
hulp (de)	ёрдам	yordam
ideaal (het)	идеал	ideal
inspanning (de)	куч бериш	kuch berish
keuze (een grote ~)	танлов	tanlov
labyrint (het)	лабиринт	labirint
manier (de)	усул	usul
moment (het)	лаҳза	lahza
nut (bruikbaarheid)	фойда	foyda
onderscheid (het)	тафовут	tafovut
ontwikkeling (de)	ривожланиш	rivojlanish
oplossing (de)	ечим	echim
origineel (het)	оригинал	original
pauze (de)	тўхтам	to'xtam
positie (de)	позиция	pozitsiya
principe (het)	тамойил	tamoyil

probleem (het)	муаммо	muammo
proces (het)	жараён	jarayon
reactie (de)	реакция	reaktsiya
reden (om ~ van)	сабаб	sabab
risico (het)	таваккал	tavakkal
samenvallen (het)	бир хиллик	bir xillik
serie (de)	серия	seriya
situatie (de)	вазият	vaziyat
soort (bijv. ~ sport)	тур	tur
standaard (bn)	стандарт	standart
standaard (de)	стандарт	standart
stijl (de)	услуб	uslub
stop (korte onderbreking)	тўхташ	to'xtash
systeem (het)	тизим	tizim
tabel (bijv. ~ van Mendelejev)	жадвал	jadval
tempo (langzaam ~)	суръат	sur'at
term (medische ~en)	атама	atama
type (soort)	тур	tur
variant (de)	вариант	variant
veelvuldig (bn)	тез такрорланувчи	tez takrorlanuvchi
vergelijking (de)	таққослаш	taqqoslash
voorbeeld (het goede ~)	мисол	misol
voortgang (de)	тараққиёт	taraqqiyot
voorwerp (ding)	объект	ob'ekt
vorm (uiterlijke ~)	шакл	shakl
waarheid (de)	ҳақиқат	haqiqat
zone (de)	зона	zona

www.ingramcontent.com/pod-product-compliance
Lightning Source LLC
LaVergne TN
LVHW051310080426

835509LV00020B/3213